그리운
진이(眞伊) 아가씨

그리운
진이(眞伊) 아가씨

정진권 수필집

신아출판사

■ **머리말**

"산뜻한 글 한 편 쓰리라."

늘 이린 마음으로 글을 쓰지만 나중에 다시 보면 가슴이 답답해진다. 웬 아둔한 소리, 하나마나한 소리가 이렇게 많은가? 그런데도 늘 그 산뜻한 글을 꿈꾸며 붓을 놓지 못한다. 내 나이 어언 팔십, 이것이 이른바 노욕(老慾)이라는 걸까?

그러다보니 또(2007년 이후 오늘까지) 쓴 글이 책상에 쌓였다. 비록 아둔한 소리, 하나마나한 소리지만 내가 낸 소리여서 차마 버리지를 못한다. 해서 이 글들을 한 군데 모아 두려고 이 책을 낸다. 이것이 이른바 노욕이라는 것일 게다.

좋은 글을 쓰면서도 책을 내지 못하는 분들이 있다. 책 내는 것을 부질없는 일이라고 생각하는 분들도 있다. 그런 분들이 이 책을 보면 뭐라 할까? 낯 뜨거운 일이다. 해서 책을 낼 때마다 이게 마지막이다, 이랬는데 또 염치없이 이렇게 낸다.

각설하고. 나는 일찍이 다음과 같이 말한 바 있다.

나는 우리말을 정확하게 쓰려 노력했고 자신의 글에 악의(惡意)가 스며들지 않도록 늘 경계했다. 내 글에 틀린 말이 많고 미워하는 소리가 섞여 있다면 그것은 내 재능과 인품이 모자라서이지 내가 노력도 경계도 안 해서 그런 것은 아니다.
— 졸저 ≪내 아내는 잘라 팔 머리가 없다≫ 머리말

나는, 바른 말과 착한 마음으로 글을 쓰면, 산뜻한 글이 못 되어도, 아둔한 소리, 하나마나한 소리가 되더라도 아주 버림받지는 않으리라, 이렇게 생각했다. 이는 결코 못 쓰면서 계속 쓰는 자신을 합리화하자는 게 아니다.

이 책의 제목 ≪그리운 진이(眞伊) 아가씨≫는 본문의 〈그리운 진이(眞伊) 아가씨〉 그대로다. 나는 이 글을 쓸 때, 이

메마른 세상, 시심(詩心)의 부활(復活)을 빌었다.

이 책은 세 부분으로 되어 있다. 이 가운데
지하철을 타면은 그때그때 떠오른 생각을 적은 글,
김(金) **선생의 근황**은 어느덧 노경에 이른 나와 내 아내의 그냥저냥 살아가는 이야기를 대강 해본 것이다.
끝으로 **우리 고전수필선**(古典隨筆選)을 붙였다. 모두 짧은 글이다. 짧은 글은 짧은 글로서의 묘미가 있다. 번역은 내 손으로 했다. 문장도 거친데다가 오역도 많을 것 같아 두렵다. 그런대로 함께 즐기기 바란다.

이 책은 ≪수필과비평≫社 서정환 사장님을 비롯한 편집진 여러분의 호의로 이 세상에 나오게 된 것이다. 늘 고맙고 미안하고 그렇다.

2013년 월 일
지은이

■ 차례

머리말 • 4

지하철을 타면

지하철을 타면 • 12
병원에서 본 일 둘 • 14
목련나무와 감나무 • 18
"빌어먹을!"論 • 20
어느 2등병의 묘비(墓碑) • 25
당비상(唐砒霜) 삼전(3戔) • 30
야산(野山)길 • 34
병상기(病床記) • 38
방귀와 똥 • 54
6인실의 사회학 • 57

산길을 가며(山行) • 63

아벨라 • 65

봄-하늘, 비, 바람 • 69

거짓말考 • 73

짜장면과 저금통 • 78

성하삼제(盛夏三題) • 85

한산사(寒山寺)와 신륵사(神勒寺) • 89

서천령(西川令) • 93

막걸리의 사회사(社會史) • 97

시계(時計)에 관하여 • 101

효불효(孝不孝)에 관하여 • 106

낙서론(落書論) • 110

시어머니 골난 데는 - 시집살이謠 • 114

그리운 진이(眞伊) 아가씨 • 117

우리 김(金)군에게 행운 있기를 • 121

鷄城君(계성군) 李陽生(이양생) • 124

山마을의 전설 • 129

하늘에 관하여 • 135

기특도 하여라, 하얀 나비꽃 • 137

현관, 마루, 서재, 그리고 부엌 • 141

산(山) 그리고 내(川) • 150
어느 겨울밤 • 154
부부론(夫婦論) • 158
작은 것에 관한 단상(斷想) • 166
길에서 본 것 둘, 둘 • 169
발치전후사(拔齒前後史) • 174
우산說 • 179
山길에서 • 184
짧은 이야기 4편 • 190
비와 눈, 구름, 그리고 바람 • 196

눈, 코, 귀, 그리고 입 • 202

斷想Ⅰ • 208
斷想Ⅱ • 214
對照法Ⅰ • 220
對照法Ⅱ • 224
對照法Ⅲ • 228

당뇨(糖尿)발 이야기 • 233
소통에 관한 단상 3제 • 238

김(金) 선생의 근황

김(金) 선생과 그 마나님 • 244
마나님 모시고 사는 이야기 1 • 248
마나님 모시고 사는 이야기 2 • 253
그냥 함께 사는 이야기 • 258
김(金) 선생의 근황 • 263

우리 고전수필선(古典隨筆選)

寒食祭陣亡將士文(한식제진망사문), 崔致遠(최치원) • 268
啞鷄賦(아계부), 金富軾(김부식) • 270
舟賂說(주뢰설), 李奎報(이규보) • 272
答遁村書(답둔촌서), 鄭夢周(정몽주) • 274
野桂堂銘(야계당명), 李詹(이첨) • 276
書衾論屛(서금논병), 李德懋(이덕무) • 278
短文二篇(단문 2편), 柳得恭(유득공) • 280
送夫子讀書山堂序(송부자독서산당서),
　　　　　　金三宜堂(김삼의당) • 282
수요장단(壽夭長短), 유몽인(柳夢寅) • 284
용문사(龍門寺) 근처, 유의양(柳義養) • 286

지하철을 타면

지하철을 타면(p.12)-, 누가 이 글을 읽고 말했다.
"선생님은 어찌 그리 보기 좋은 것만 골라 쓰셨습니까? 지하철을 타면 보기 싫은 것도 수없이 많던데."
나도 왜 그랬는지 모르겠다. 그냥, 보기 싫은 것은 쓰기 싫어서 쓰지 않았다. 지금도 그렇다.
옛날 위(衛)나라 거원(蘧瑗)이 말했다.
"인생 오십 년을 살고 그 중 사십구 년이 잘못이었음을 알았다(年五十而知四十九年之非)."
나도 진즉 알았다. 그러나 내가 저지른 참 잘못은 쓰기 싫어서 쓰지 않았다. 앞으로도 그럴 게다.
이게 위선(僞善)이라는 건가?

지하철을 타면

 지하철을 타면 참 보기 좋은 모습들을 더러 보게 된다.
 내가 본 그 하나. 지금 남녀 두 대학생이 마주 서서 가고 있다. 학교가 끝났나 보다. 남학생은 까만 머리칼 밑으로 흰 이마가 시원하다. 도란거리는 말소리는 조용하고. 여학생은 서글서글한 두 눈에 눈웃음이 번진다. 역시 말소리는 조용하고. 차가 흔들리면 남학생이 한 팔로 가볍게 여학생의 허리를 감싼다. 조금도 야하지가 않다. 저들은 지금 어딜 가는 걸까? 연극? 그래, 좋지. 연극 끝나면 어디 생맥주집에라도 들러 그 연극 이야기를 오래오래 하겠지. 나는 그런 그들이 싱그러워서 좋다.
 내가 본 그 둘. 지금 젊은 아빠 엄마가 마주 서서 가고 있다. 아빠는 등에 한 놈 업고 가슴에 한 놈 안았다. 굵은 목소리가 나직하다. 엄마는 핸드백과 기저귀가방을 들었다. 조용히 웃을 때면 흰 이가 살짝 드러난다. 차가 흔들리면 엄마가 아빠의 허리띠를 꼭 잡는다. 아주 행복해 보인다. 오늘은 토요일, 저들은 지금 어딜 가는 걸까? 꼬마들의 외갓집? 그래, 좋아요. 그럼 저기 저 선반에 얹어놓은 보퉁이엔 외할아버지 좋아하는 양주도 한 병 들어 있겠네. 나는 그런 그들이 듬직해서 좋다.

내가 본 그 셋. 할아버지 할머니 내외분이 나란히 앉아 가고 있다. 베이지색 잠바를 아무렇게나 걸친 할아버지, 연한 회색 스웨터를 단정하게 입은 할머니, 두 분 다 별로 말이 없다. 차가 흔들리면 할아버지가 할머니의 손을 지긋이 잡는다. 퍽도 다정한 손길이다. 저분들은 지금 어딜 가는 걸까? 딸네 집? 그래요, 좋습니다. 오늘 밤, 할아버지는 사위가 따라주는 잔을 맛있게 비울 것이고 할머니는 딸이 선물하는 크림 한 통을 기쁘게 받을 것이다. 나는 그런 그분들의 노년이 행복해서 좋다.

지하철을 타면 참 보기 좋은 모습들을 더러 보게 된다.

(2007)

병원에서 본 일 둘

어서 일어나 이거 먹어

아내가 신장에 암이 생겨 그 한 쪽을 떼어냈다. 입원해서 퇴원하기까지 꼭 한 주일이 걸렸다. 아내의 병실은 6인실이었다. 6인실은 심심치 않아서 좋았다. 아이들이 돌아가며 밤을 새운다고 했다. 그러나 나는 밤늦기 전에 다 돌려보냈다. 아침 일찍 출근할 아이들에게 그러랄 수도 없거니와 설령 그런다 하더라도 나 혼자 집엘 가서 무슨 잠을 그리 편히 자겠는가? 병상의 좁은 보조침대가 오히려 편안했다.

우리 건너편 병상에 한 칠십 된 할머니 한 분이 누워 있었다. 푸른 점무늬 환자복에 작은 키, 마른 얼굴이 까맸다. 할머니의 손등에는 늘 링거 주사침이 꽂혀 있었다. 병상은 영감님 한 분이 지켰는데, 누런 잠바에 역시 작은 키, 마른 얼굴은 할머니보다 더 까맸다. 이 두 노인네가 언제부터 내 눈에 들어왔는지는 확실치 않다. 어떻든 이 영감 마나님은 무슨 불만이 서로 그리 많은지 쉼 없이 다투었다.

그래도 마나님이 화장실 갈 땐 영감님이 안아 일으켰다. 안아 일으키고는 또 링거 병 매달린 홀대(holder)를 잡고 그 뒤를 따랐다. 이것은, 영감님으로서는 당연한 일이지만 마나님으로서는 고마워해야 할 일이다. 헌데 어느 날이었다. 마나님이 홀대 잡고 뒤따르는 영감님을 보고 신경질을 냈다. "바짝 따라오지 않고 뭘 해?" 영감님이 질 리 없다. "아, 오줌똥도 혼자 못 눠?" 온 병실 안이 키득키득 웃었다.

어느 석양이었다. 마나님은 잠이 들었는데 언제 나갔던지 영감님이 얼큰해서 돌아왔다. "까먹은 게 벌써 2천만 원인데, 어허!" 영감님은 허공에다 대고 이렇게 중얼거리더니 잠든 마나님을 흔들어 깨우고는 손에 든 것을 내밀었다. "어서 일어나 이거 먹어." "병원에서 밥 주는데 떡은 왜 사와?" "생각해서 사온 게여." "생각? 자기 먹으려고 사와 놓고서는, 흥." 또 온 병실 안이 키득키득 웃었다.

퇴원하기 전날 밤이었다. 희미한 전깃불에 온 병실이 죽은 듯이 고요했다. 아내의 가늘게 코 고는 소리가 퍽 편안하게 들렸다. 나는 목이 말라 보조침대에서 일어났다. 문득 건너편이 눈에 들어왔다. 영감님이 의자에 앉아 누워 잠든 마나님의 얼굴을 멀거니 들여다보고 있었다. 나는 물 한잔 따라 마시고 화장실엘 다녀왔다. 이번에는 영감님이 의자에 앉은 채 마나님 병상에 머리를 파묻고 엎드려 있었다.

오래 병고(病苦)에 시달리다 보니

　브레이크를 밟고는 왜 차가 안 가느냐고도 하고, 화장실 세면대에 수돗물이 콸콸 쏟아져 넘치는데 그냥도 나오고-, 평소와 너무 다른 이런 나를 보고 아내는 무언가 적잖이 이상했던 모양이다. 몇 군데 전화를 해 보더니 빨리 가자며 내 팔을 잡아당겼다. 나는 괜찮다고 버티다가 하는 수 없이 어느 대학병원 응급실로 실려갔다. 일요일인데도 응급실은 초만원이었다. 한 시간은 좋이 기다려 침상 하나를 얻었다.

　이윽고 아이들이 달려왔다. 나는 환자복으로 갈아입고 침상에 누웠다. 별것도 아닌 걸 가지고 왜 아내가 이렇게 호들갑을 떠는가 싶었다. 그런데 문득 보니 내 침상에서 한 2미터는 될까, 저쪽 침상에 여든은 좀 넘어 보이는 할머니 한 분이 누워 있었다. 잠이 든 듯 조용했다. 주름 깊은 야윈 얼굴이 싸늘해 보였다. 곁에는 아무도 없었다. 노인이 혼자서 얼마나 외로울까? 나는 그 할머니가 좀 가여웠다.

　그런데 얼마나 지났을까, 환갑은 갓 지났을 남자 한 사람이 물병을 들고 다가왔다. 그 동안 물을 길러 갔던 걸까? 그는 침상 곁 작은 의자에 앉아 물끄러미 할머니의 얼굴을 들여다보았다. 그러더니 이번에는 슬그머니 일어나 할머니의 다리를 주무르는 것이다. 또 얼마가 지났다. 그는 갑자기 생각난 듯 우리를 보고는 새로 오셨느냐고 인사를 했다. 훤칠한 키에 하얀 티셔츠, 그러나 퍽 피곤한 얼굴이었다.

우리는 잠시 이런저런 이야기를 나누었다. 나는 늙은 어머니 간병하느라 고생이 많겠다 싶어 "많이 힘드시겠습니다." 하고 그를 위로했다. 그러자 그는 실소 비슷하게 웃으며 "예—. 이 사람 차에 싣고 안 가 본 데가 없습니다. 너무 오래 병고에 시달리다 보니 사람이 이렇게…." 하고는 말끝을 흐렸다. 순간 좀 아뜩했다. 부부였구나. 나는 아무 할 말도 떠오르지 않았다. 함께 듣던 아내도 아무 말이 없었다.

그 두어 시간 후 나는 여기저기 실려 다니며 별의별 검사를 다 받았다. 그리고 밤 아홉시에 수술실에 들어가 열두시에 나왔다. 뇌출혈이라고 했다. 그 후로 나는 그들을 만나지 못했다. 그들은 어찌 되었을까? 지루한 병상에 누웠노라면 문득 그들이 생각날 때가 있었다. 그러면 싸늘해 보이던 그 여윈 얼굴이 눈앞에 어른거렸다. 그 얼굴을 들여다보던 그 눈길, 다리를 주무르던 그 남편의 손길이 보였다.

(2007)

목련나무와 감나무

우리 집 뜰에 목련나무가 한 그루 서 있나. 흰 목련이다. 내 친구 한 사람은 이 꽃을 여간 좋아하질 않는다. 그렇게 청순할 수가 없다는 것이다. 그러나 나는 이 꽃이 별로 좋은 줄을 모르겠다. 봄비에 진 그 꽃 이파리들을 보면 녹물에 건져낸 것처럼 검벌겋다. 그렇게 우중충힐 수가 없다. 드니어 가을, 목련나무는 빈 가지에 찬바람만 썰렁 인다. 빈 가지, 아무것도 맺은 게 없다.

그 검벌건 꽃 이파리, 그 빈 가지들을 보노라면 마치 한때 청순하게 살다가 무슨 한눈을 팔았는가, 젊음을 허송하고 우중충하게 남은 삶을 사는 사람 같다. 그는 "어쩌다 내가-." 하고 길게 한숨을 쉴 것이다.

우리 집 뜰엔 감나무도 한 그루 서 있다. 감나무가 피우는 그 꽃은 목련꽃처럼 청순한 데가 없다. 내가 어디선가도 말했지만, 그저 흰 바탕에 작고 촌스럽기만 한 것이 감꽃이다.

그런데 어느 날 문득 보면 그 꽃들은 다 지고 그 자리에 푸르뎅뎅한 작은 열매가 달려 있다. 열매는 불볕과 소나기 속에 자라고 자라 드디어 가을, 가지가 휘게 매달린 감들이 푸른 하늘에 노랗다.

그 소담스러운 열매들을 보노라면 평생을 불볕과 소나기 속에 힘들게 살면서도 하나씩 하나씩 빛나는 업적을 이루고 만족스럽게 남은 삶을 사는 사람 같다. 그는 "이만하면ㅡ." 하고 혼자 빙긋 웃을 것이다.

(2008)

"빌어먹을!"論

"빌어먹을!"

일이 잘 안 풀려서 짜증이 나면 흔히들 이렇게 내뱉는다. 아, 물론 교양 있는 분들은 그러지 않을 것이다. 별로 품위 있는 말이 못 되니까. 그러나 그런 분들도 속으로는, 또는 남 안 듣는 데서는 "빌어먹을!" 할 것이다. 따리시 내가 혼잣말로 "빌어먹을!" 좀 했다 해서 여러분이 내 교양을 의심해서는 안 된다.

각설하고ㅡ.

우리 집은 사당 2동의 한 작은 아파트다. 4호선 총신대역(7호선 이수역과 같은 역)에서 도보로 한 10분 걸린다. 그러니까 4호선이나 7호선을 타려면 좀 걸으면 된다. 그러나 2호선을 타려면 마을버스를 타고 사당역까지 가야 한다. 사당역은 4호선도 지나고 2호선도 지난다. 마을버스는 바로 우리 아파트 앞에 선다.

나는 한 주일에 한 번꼴로 신촌엘 간다. 그래 마을버스로 사당역 가는 길, 사당역에서 2호선 갈아타고 신촌 가는 길, 다 환하다. 오늘도 아침에 신촌엘 가려고 마을버스를 탔다. 그런데 얼마나 지났을까, 가다보니 버스가 좀 이상했다. 사당역을 가려면 우회전을 해야 하는데 좌회전 차선으로 가는 것이다. 아니?

"이 차, 사당역 가는 거 아닌가요?"

옆 자리 처녀에게 물었다. 처녀는 퍽 친절했다.

"네, 아녜요. 사당역 가시려면 다음 이수역에서 4호선으로 바꿔 타세요. 한 정거장밖에 안 되어요."

나는 버스가 서자 허둥지둥 내려서 이수역 가파른 계단을 급히 내려갔다. 분명히 와 본 역인데 왜 이렇게 낯설까? 저만치 4호선을 알리는 하늘색 표지가 보였다. 나는 그 화살표를 따라 뛰다시피 걸었다. 오고가는 사람들과 부딪히기도 했다. 왜 이렇게 멀어, 이 빌어먹을! 4백 미터 트럭 열두 바퀴는 더 돈 듯했다.

드디어 대망의 사당역, 이제 2호선으로 갈아타면 된다. 그런데 2호선을 알리는 녹색 표지가 안 보인다. 내가 잘못 온 건가? 그럴 리 없다. 이리 한참, 저리 한참, 아 저기 있구나. 한숨 한 번 내쉬고 화살표를 따라갔다. 늘 타는 사당역 2호선 그 플랫폼이 전혀 딴 곳 같았다. 내 지각(知覺)에 무슨 이상이 생긴 건가?

한참 기다려서 열차를 탔다. 특별히 못 박고 가는 시간도 아니니까 실은 좀 천천히 가도 괜찮았다. 헌데도 지금 이 시간이면 반은 갔을 텐데 하는, 마치 무슨 손해라도 본 것 같은 그런 생각이 자꾸만 떠올랐다. 건너편 시렁에 무가지(無價紙) 몇 장이 보였다. 나는 그걸 가져다 볼까 하다가 그만두었다. 다 귀찮았다.

열차가 신도림역에 닿을 무렵이었다. 갑자기 안내방송이 흘러나왔다. 이 열차는 신도림역까지만 운행한다는 것이다. 신도림역까지만? 아니, 내가 잘못 들은 것 아냐? 나는 2호선을 수없이 탔지만 신도림까지만 운행하는 열차는 오늘이 처음이다. 방송은 또 뭐라고 계속되었는데 승객들이 웅성거려 잘 들리지 않았다.

열차가 역에 닿자 사람들이 우르르 쏟아져 내렸다. 나도 따라 내렸다. 내린 사람들의 일부는 그냥 그 내린 플랫폼에 서 있고 대부분의 다른 사람들은 꾸역꾸역 저쪽 어디론지 밀려갔다. 저 사람들, 저렇게 많은 사람들이 이 역에서 다 내리나? 나는 그게 좀 이상했지만 그 플랫폼에 그냥 서서 다음 열차를 기다렸다.

시간은 자꾸 가는데 열차는 오질 않았다. 속이 퍽 답답했다. 문득 벽면을 보았다. 역명(驛名) 표지가 눈에 들어왔다. 신도림역 다음이 '도림천'이란다. 도림천? '문래'가 아니고? 신촌 가는 길은 신도림 다음이 문래다. 도림천에 사시는 분들께는 대단히 죄송하오나 나는 오늘 이 이름을 처음 알았다. 옆 총각에게 물었다.

"다음 열차 신촌 가는 차 아녜요?"

총각도 사당동 그 처녀처럼 친절했다.

"네, 아닙니다. 까치산 가는 차예요. 신촌 가시려면, 저기 저 화살표 보이시지요, 저리로 가십시오."

곧 열차가 들어왔다. 나는 또 허둥지둥 반은 뛰면서 걸었다. 속이 터졌다. 에이그, 이 빌어먹을! 그때다. 내가 저 열차를 탔더라면 어찌됐을까, 문득 이런 생각이 들었다. 중간에 잘못 탄 걸 알고 어느 낯선 역에 내렸겠지, 그리고 아는 얼굴 하나 없는 그 플랫폼에 우두커니 혼자 서서 신도림행을 기다렸겠지, 맥이 빠졌겠지.

총각이 가리킨 '저기'는 아까 그 많은 사람들이 밀려가던 그 곳이었다. 그 사람들 따라갔으면 10분은 절약할 것을, 아니야 빨리 가면 뭘 하니, 누가 내가 보고 싶어 눈 빠지게 기다리는 것도 아니고-. 그래 천천히 걸었다. 조급증(躁急症) 환자인 내가 웬일이었을까? 맥이 빠져서, 그래서 빨리 걸을 수가 없어서 그랬을 게다.

마침내 신촌역, '신촌'이라는 그 역명이 이산가족 만난 것처럼 반가웠다. 내가 너한테 오느라고 무슨 고생을 했는지 아니? 4백 미터 트랙 열두 바퀴는 저리 가라다, 하마터면 까치산까지 갈 뻔했다. "고생하셨네요. 마을버스 타실 때 확인 좀 하시지. 환한 길도 다시 묻자, 허허. 그 고생 자초하신 겁니다." 아, 누가 아니랬니?
 "빌어먹을!"

(2008)

어느 2등병의 묘비(墓碑)

 우리 동네에 야트막한 산이 하나 있다. 이 산에 들어서서 한 30분 걸으면 현충원(동작동 국립묘지) 후문에 이른다. 길은 비교적 평탄하고 후문은 늘 열려 있다. 현충원 안은 사방으로 난 아스팔트길이 어디나 깨끗하다. 나는 한 주일에 서너 번 아내와 함께 한 시간쯤 이 길을 걷다 돌아온다. 걷는 사람은 우리 말고도 많다.
 걷노라면 띄엄띄엄 쉼터(나무 의자)가 나타난다. 우리는 이따금 거기 앉아 저 아래를 내려다본다. 하얀 묘비들이 줄지어 서 있다. 잠시 눈을 감았다 뜨면 저만치 한강이 길게 흐른다. 푸른 한강, 더러는 그 위에 흰 구름이 난다. 어느 날 우리는 천천히 내려가 그 묘역을 돌아보았다. 그때였다. 육군 2등병의 묘비 하나가 내 눈에 확 들어왔다. 뒷면엔 一九五〇년八月十一일 의성지구에서 전사. 전쟁이 일어난 지 겨우 한 달 보름 만이다. 나는 발길을 옮기다 뒤돌아보았다.

푸른 잔디, 하얀 묘비, 청순한 열아홉이 싱긋 웃고 있다. 해맑은 얼굴에 까만 두 눈이 서글서글하다. 대학 1학년, 무슨 과일까? 아니, 그런 건 상관없다. 다음은 강의실, 많은 학생들 속에 그가 보인다. 노트에 열중하는 그의 얼굴이 퍽도 진지하다. 이번엔 그 위에 푸른 숲 우거진 캠퍼스가 겹쳐 온다. 그는 지금 새로 사귄 여학생과 나란히 걷고 있다. 녹음 속이다. 정다운 모습이다.

학문과 예술의 드넓은 바다는 그에게 늘 경이로웠을 것이다. 새롭게 펼쳐지는 지식 앞에 경탄도 하며, 비범(非凡)한 운율(韻律)이 혈관을 타고 들어올 땐 전율도 하며, 그는 그 경이로움 속에 하루하루가 행복했을 것이다. 그리고 하나 더 행복한 것은 밤하늘의 별들을 우러르며 몰래 그리움에 잠길 때, 그때 함께 걷던 그 아이가 자잔히 웃으며 다가왔을 것이다.

그러나 그는 그곳을 떠나야 했다. 전쟁이 일어난 것이다. 그날, 학교는 떠나는 학생들과 보내는 학부모들로 입추의 여지가 없었다. 드디어 그가 탄 트럭이 움직일 때 어머니는 흰 앞치마로 눈언저리를 훔치며 한 손을 흔들었다. 그도 말없이 한 손을 흔들었다. 무사해야 한다, 탈 없이 계셔요, 그 간절한 기원—.

나는 전쟁이 끝난 뒤에 군엘 갔다. 유월 염천의 논산 훈련소, 땀에 전 군복은 소금가루가 허옇고 배는 늘 허기가 졌다. 훈련은 힘들었다. 포복, 총검술, 화생방, 행군, 또 무엇, 기고 찌르고 그러다보면 대망의 10분간 휴식, 연병장 가에 어린 코스모스들이 하늘거리고 있었다. 거기 손수건을 널면 그 손수건만 한 그늘이 땅에 졌다. 나는 그 그늘에 철모를 베고 누워 화랑담배 한 대를 피웠다. 후욱 연기를 뿜으면 그리움의 무한차곡선(無限次曲線), 그 파르스름하게 피어오르는 연기 위로 그리운 얼굴들이 명멸했다.

우리의 주인공도 물론 불볕 아래 고된 훈련을 받았을 것이다. 군복은 땀에 절고 배는 늘 고팠을 것이다. 그도 철모를 베고 누워 화랑 한 대는 피웠을까? 아니, 촌각을 다투는 급박한 상황, 그리운 얼굴들을 그리워할 겨를도 없이 어느 날 급히 군용트럭에 올랐을 것이다. M1 소총도 아직 손에 설었을 것이다. 낯선 산야, 전선이 가까워지면서 포성은 점점 크게 울렸을 것이다. 얼마나 불안했을까?

전쟁은 치열했다. 불볕 하늘, 총알들이 쉭쉭 머리 위를 날았다. 참호 앞에도 날아와 퍽퍽 꽂혔다. 그럴 때마다 흙먼지가 풀썩 일었다. 우리의 주인공은 정신없이 방아쇠를 당겼다. 그러노라면 어느덧 밤, 칠흑 같은 정적에 숨이 막혔다. 그때 갑자기 따따따 총성이 울렸다. 밤하늘에 펑펑 조명탄이 터졌다. 저 만치선 포탄이 쉼 없이 작렬하고, 굉음이 천지를 쪼개는 듯했다. 삶과 죽음의 갈림길―.

나는 눈을 감았다. 정신 차리라고 외치는 젊은 소대장의 품에 그가 안겨 있다. 총성은 콩 튀듯 끊임없고 포연은 여전히 자욱하다. 가슴에서 솟는 붉은 피가 그의 푸른 군복을 흥건히 적신다. 다음 순간, "어머니-." 들릴 듯 말 듯 이 한마디를 남기고 그는 고개를 떨어뜨린다. 흰 앞치마로 눈물 닦으며 한 손 흔들던 그 어머니, 젊은 소대장이 그를 누이고 다시 총을 잡는다. 탄피가 분노처럼 마구 튄다. 하늘은 무심한 듯 그저 푸르기만 하고.

전쟁은 불리하게만 전개되었다. 국군은 후퇴를 거듭해야 했다. 지금 한 어머니가 길에 나와 그 후퇴하는 군인들을 살핀다. 총을 아무렇게나 메고 다리를 절며 가는 군인들이 수두룩하다. 부상당한 전우를 부축하고 가는 군인들도 수가 없다. 다들 지쳐 있다. 그런데 그 어머니의 아들은 보이지 않는다. 아무리 눈을 비비고 보아도 아들은 거기 없다.

우리는 묘역을 조금 더 돌다 올라와 아까 그 쉼터에 다시 앉았다. 그 동안 우리 2등병의 어머니는 얼마나 애를 태우며 그 어린 아들을 기다렸을까? 갑자기 전사통지서(戰死通知書)를 받았을 땐 내가 대신 죽겠다며 기절도 했을 것이다. 저 묘비 앞에 와 앉아서는 또 얼마나 한 맺힌 눈물을 뿌렸을까?

제 명대로 살다 가도 죽음은 슬픈 것, 하물며 열아홉의 그 청청한 나이이었음에랴. 이제 그 어머니는 이승의 한 맺힌 삶을 떠나 그 아들 곁에 가 있을 것이다. 생전에 옷깃 한

번 스친 일 없는, 내 친애하는 선배 저 2등병의 어머니, 이제는 다 잊으시고 아드님과 함께 명복을 누리소서.

(2008)

당비상(唐砒霜) 삼전(3菚)

옛날 중국 오(吳)나라 장수 육항(陸抗)이 병이 났을 때 적군인 진(晋)나라 장수 양호(羊祜)가 약을 지어 보냈다. 나 같으면 당연히 안 먹을 약인데 육항은 조금도 의심치 않고 다 먹었다.

"어찌 그 약을 느십니까?"

"양호는 나를 독살할 사람이 아닐세."

육항과 양호, 나는 이 두 사람의 이름을 조선 정조(正祖) 때의 문신 심노숭(沈魯崇)의 한 짧은 글을 통해서 알았다. 내가 왜 오늘 이 두 사람, 그리고 이 글이 생각났는지는 나도 잘 모르겠다. 어떻든 옮겨 보면 다음과 같다.

비록 서로 죽일 처지에 있을지라도 또 반드시 서로 깊이 믿는 경우가 있으니, 그런 믿음으로써 육항(陸抗)은 양호(羊祜)가 자기를 독살하지 않으리라는 것을 알았다. 허목(許穆)이 이질(痢疾)을 앓아 약을 거듭 썼으나 효험이 없었다. 해서 그 아들을 불러 말했다.

"내 병은 김석주(金錫冑)가 아니고서는 고치지 못할 것이니 가서 처방(處方)을 물어 보아라."

아들이 말했다.

"흉인(凶人)이 어찌 좋은 처방을 내주겠습니까?"

허목이 쓸데없는 소리 말고 어서 가보라고 다그쳤다. 하는 수 없이 아들이 가서 물었다. 김석주가 말했다.

"당비상(唐砒礵) 3전(戔)을 소주에 타서 드시도록 하시게."

아들이 돌아와 허목에게 말했다.

"그의 말이 이러할 것이므로 묻지 않으려 했던 것입니다."

허목이 재촉했다.

"어서 약을 지어라. 네가 무얼 안다고 그러느냐?"

허목이 거듭 재촉하자 아들은 당비상을 반으로 줄여서 약을 지었다. 과연 이질이 나았다. 후에 아들이 김석주를 보고 사실을 이야기했다. 김석주가 탄식하며 말했다.

"쯧쯧, 어찌하여 그리하셨는가? 처방대로 약을 지어드렸으면 훗날의 걱정이 없을 것을. 이제 재발하면 고칠 길이 없네."

허목은 과연 이질로 죽었다.

— ≪효전산고(孝田散稿)≫

허목은 남인(南人), 김석주는 서인(西人)이다. 남인과 서인은 서로 원수처럼 지냈다. 아니, 원수로 지냈다. 어느 한쪽이 정권(政權)을 잡으면 다른 한쪽은 밀려나거나 쫓겨나야 했다. 서인이 잡았을 때 허목은 지방(三陟府使)으로 쫓겨났다가 그 2년 뒤에 사직했고, 남인이 잡았을 때 김석주는 죽은 지 4년이나 지났는데도 작위(爵位)가 박탈되었다가 다시 복구된 일이 있다.

남인과 서인이 그런 사이인데 허목은 무슨 일로 정적(政敵)인 김석주에게 처방을 물으라 했을까? 비록 정적이긴 하지만 나를 해치진 않으리라는 그런 믿음이 있어서 그랬을 것이다. 김석주는 또 허목이 무에 그리 좋은 사이라고 처방을 내주었을까? 비록 정적이긴 하지만 그래도 자기를 믿고 처방을 물은 것에 감동해서 그런 것이었을까? 그들의 행적과 관계없이 이 점은 둘 다 장하다.

우리 이번에는 허목의 아들을 한번 생각해 보자. 그의 눈에 김석주는 흉인(凶人)이다. 아버지에게 무슨 흉악한 일을 저지를지 모르는 정적이다. 그런데 처방을 물으라고? 빤한 일, 그는 가지 않으려 했다. 당비상 3진을 먹으라는 것은 죽으라는 이야기다. 그래서 반으로 줄였다. 반쯤은 괜찮겠지 싶었던가? 어떻든 다 아버지를 위한 일, 착한 아들이다. 그런데 어쩐지 그 정신세계가 허목과 김석주에게는 좀 못 미치는 것 같다.

자, 그대가 만일 그때 허목이었다면 정적에게 처방을 물었겠는가? 그가 천하의 편작(扁鵲)이라도 나는 묻지 않았을 것이다. 내게 무슨 해코지를 할 줄 알고―. 그대가 만일 그때 김석주였다면 정적에게 처방을 내주었겠는가? 나라면 내주지 않았을 것이다. 그가 건강하게 오래 살면 내가 힘들 텐데―. 만일 허목의 아들이었다면 나는 아예 약도 짓지 않았을 것이다. 그까짓 정신세계는 무슨!

 잔소리 그만하고 이젠 결론을 내자. 지금 여당(與黨)과 야당(野黨)의 싸움이 치열하다. 총선 끝난 게 언제인데 아직 원 구성도 못 했다. 본래 여당은 정권을 유지하려 야당과 싸우고 야당은 그 정권을 탈환하려 여당과 싸우는 법이다. 그러나 설령 그렇더라도 나는 그 싸우는 한편으로는 정적에게 처방 묻는 사람도 좀 있고 또 정적에게 처방 내주는 사람도 좀 있었으면 싶다.

 "이 사람아, 나 이질 때문에 죽겠네."

 "걱정 말게. 당비상 3전, 소주 타서 죽 들게."

 그러면 싸우는 정치(政治)도 한결 멋있을 것이다.

(2008)

야산(野山)길

 내가 먼저 "갑시다." 할 때도 있고, 아내가 먼저 "안 가세요?" 할 때도 있다. 그러면 누가 먼저랄 것 없이 함께 집을 나선다. 한 주일에 서너 번쯤 된다. 대개 점심 먹고 나선다. 우리 집에서 십 분 남짓한 거리에 야산이 하나 있다. 이 산에는 비교적 넓고 평탄한 산책로가 여러 갈래로 나 있다. 우리는 한 시간쯤 이 길을 걷다가 돌아온다. 걷는 게 당뇨에 좋다고 해서 시작한 운동이다. 벌써 1년쯤 된다.

 이 산길엘 들어서면 운동복을 입고 씩씩하게 걷는 20대 중반의 젊은 여성들을 더러 보게 된다. 그들 중에는 양손에 아령을 들고 거의 뛰다시피 걷는 사람도 있다. 언젠가 내가 아내에게 "저 사람들도 혹시 당뇨병이 있어서 저러는 것 아냐?" 하고 물은 일이 있다. 그때 아내는 고개를 저으며 "아니, 살 빼려고 저러는 거예요." 하며 웃었다. 스치다 보면 그 벌겋게 상기된 얼굴들이 여간 건강해 보이질 않는다.

나는 젊은 여성들의 건강한 얼굴이 보기 좋다. 건강한 젊은 여성은 건강한 아기를 낳을 것이다. 건강한 아기는 우리의 미래를 의탁할 소중한 존재다. 건강하고 젊은 그녀는 일터에서 지쳐 돌아온 남편에게 큰 기쁨을 줄 것이다. 생기를 불어넣을 것이다. 그리하여 설령 비좁은 집에 살지라도 늘 웃음이 샘솟게 할 것이다.

 이 산길엘 들어서면 서른 안팎의 젊은 아빠가 네댓 살짜리 꼬마의 손목을 잡고 걷는 것도 적잖이 볼 수 있다. 아기엄마와 셋이 함께 걷는 경우도 더러 있다. 내가 이 산길엘 처음가 그들과 마주쳤을 때 나는 좀 아차 했었다. "지금이 몇 시인데 저 사람들이 여기 있나?" 당연히 직장에 있어야 할 오후 세시였다. "혹 실직이라도 한 걸까?" 그때 아내가 별 걱정 다 한다며 "오늘이 토요일이예요." 했다.

 나는 아내의 이 말을 듣고 적이 마음이 놓였다. 가족을 부양해야 할 젊은이(아니 누구든지)에게 일이 없다면 그보다 더한 형벌이 어디 있겠는가? 세상에 먹고사는 일보다 더 중요한 건 없다. 맞아, 저 사람들, 닷새 부지런히 일하고 모처럼 오늘 하루 쉬는 걸 게다. 나는 그 아빠와 꼬마, 그 아기엄마 들이 퍽도 다정해 보였다.

 지난 가을의 일이다. 우수수 낙엽이 날렸다. 우리 앞에 50대 남녀 한 쌍이 손을 잡고 가고 있었다. 틀림없는 부부였다. 걸음이 아주 느렸다. 손을 잡고 가기는 했지만 실은 남편이 아내를 끌고 가는 것이었다. 우리는 천천히 그들을 앞질렀다. 남자는 건강해 보이는데 여인의 수척한 얼굴은 퍽도 창백했다. 우리가 산의 정상을 다 올랐다가 내려올 때 그들은 산책로 곁 의자에 앉아 힘없이 쉬고 있었다.

그 얼마 후 그 둘은 보이지 않았다. 날씨가 차가워져서일까? 혹 그 여인이 입원이라도 한 걸까? 50대면 한창 바쁠 나이인데-. 그들이 쉬던 의자 곁을 지나자면 창백한 여인의 손목을 끌며 걷던 그 남자가 문득 떠오른다. 지금 어디서 어떻게 살고 있을까? 말없이 누워 있는 여인을 바라보며 그는 얼마나 속을 태울까?

이 산길을 가노라면 뒷짐지고 아장아장 걷는 할머니도 더러 볼 수 있다. 허리가 많이 굽었다. 지팡이 짚고 천천히 걷는 할아버지도 어쩌다 볼 수 있다. 숨 힘든 모습이다. 다 일흔은 한참 넘은 듯하다. 병들어 누우면 자식들 고생시킨다, 그래서 이 산길을 걷는 걸까? 그런데 늘 혼자다. 같이 걷는 친구도 보이질 않는다. 나는 공연히, 저분들이 서로 말동무라도 하면서 함께 걸었으면 싶을 때가 있다.

그분들 중에는 영감님을 먼저 보낸 할머니도 있을 것이다. 마나님을 먼저 보낸 할아버지도 있을 것이다. 그분들은 먼저 간 분을 원망하며 외로움 속에 살고 있을 것이다. 그러나 이젠 다 잊고 새 동무와 함께 이 산길을 걸었으면 싶다. 먼저 간 분들도 저승에서 안 그럴까? 저승이든 이승이든 말동무는 있어야 하니까.

　오늘도 점심 후에 산엘 갔다. 그런데 정상에 올랐다 내려오는 길에 아내가 미끄러져 작은 바윗돌에 허리를 부딪쳤다. 순식간의 일이었다. 겁이 덜컥 났다. 아내가 한참 숨을 고르더니 "당신 오늘 운수대통이야." 했다. "나 허리라도 부러졌으면 당신 어떡할 뻔했어요? 별수 없이 나 업고 병원으로 뛰든지 허겁지겁 119를 부르든지, 운수대통." 아니, 자기 실수로 미끄러져 놓고 이게 무슨 억지야, 정말?

　그런데 가만히 생각해보니 그게 억지만은 아닌 듯싶었다. 아내야 우스개로 한 말이지만 정말로 그건 내 운수가 대통한 것이다. 생각해 보라. 내가 무슨 수로 아내를 업고 산길을 내리뛸 건가? 119대원인들 또 어떻게 금방 이 산속을 달려오겠는가? 우리는 서로를 위하여 허리를 다쳐서는 안 되겠다는 생각이 자꾸 들었다.

　우리 동네 야산은 말 그대로 야산이다. 그러나 죽었던 가지에 눈트고 소나기 퍼붓고 단풍잎 흩날리고 흰 눈 펑펑 쏟아지는 것은 여느 산과 다름이 없다. 야산도 산은 산이니까. 이 산에도 사람이 모인다. 그 중에는 기쁜 사람도 있고 다정한 사람도 있다. 안타까운 사람도 있고 외로운 사람도 있다. 억지 쓰는 사람에 억지가 아닐 거라고 생각하는 사람도 있다. 사람 사는 세상은 어디나 다 같은 모양이다.

(2008)

병상기(病床記)

코뚜레

며칠 전부터 소화가 되질 않았다. 변도 나오질 않았다. 명치 아래 무언지 잡히는 게 있었다. 기분이 언짢았다.

"안 되겠어요. 병원에 가 봐요."

해서 이튿날 아침(2009. 1. 15) 나는 아내에게 끌려 어느 대학병원 응급실을 찾아갔다. 응급실은 사람들로 많이 붐비었다.

이윽고 차례가 되어 위 내시경 검사를 받았다. CT촬영도 했다. 헌데 내시경 검사는 실패였다. 위 안에 음식물이 가득차 아무것도 볼 수 없다는 것이다. CT로 촬영한 사진은 나도 보았다. 위와 십이지장 사이에 무슨 고리 같은 것이 보였다. 그것이 음식물의 통로를 옥죄고 있다는 것이다.

"어차피 저걸 떼어내야 하는데 지금 췌장에 염증이 심해서 수술을 할 수가 없습니다. 위장도 비워내야 하고-."

담당의사의 말이었다. 그날 오후 어느 젊은 수련의가 내 코에 가는 호스를 집어넣었다. 그러면 위 안에 남아 있는 음식물이 그 호스를 통해서 밖으로 빠져나온다는 것이다. 그리고 얼마나 지났을까, 응급병동 4인실에 병상 하나를 얻었다. 나는 열흘도 훨씬 더 넘게 그 호스를 달고 다녔다.

 사람들은 그 호스를 콧줄이라고 불렀다. 코에 달린 줄이니까 콧줄이라고 했을 게다. 헌데 나는 자꾸만 코뚜레라는 말이 떠올랐다. 콧줄보다는 코뚜레가 훨씬 더 제약(制約)의 의미가 강하게 느껴져서 그랬을까? 정말 그건 제약이었다. 아니, 구속(拘束)이었다. 코 한번 마음대로 못 푼다. 걸을 때도 조심, 누울 때도 조심, 발에 걸릴까, 병상에 걸릴까, 조심 아닌 게 없다. 어느 날 밤 조심조심 화장실엘 다녀오는데 문득 옛글 한 줄이 떠올랐다.

> 河伯(물의 신)이 물었다.
> "무엇을 天(自然)이라 하고 무엇을 人(人爲)라 합니까?"
> 北海若(북해의 신)이 대답했다.
> "소와 말의 발이 네 개인 것을 天이라 하고, 말목에 고삐를 매고 쇠코에 코뚜레 하는 것을 人이라 합니다. 그러므로 人으로써 天을 滅하지 말며, 故意로써 天命을 滅하지 말며, 貪慾으로써 名利를 經營치 말라는 것입니다."
> － ≪莊子≫ 秋水

이 글의 키워드는 人으로써 天을 滅하지 말라는 것—. 고삐로써 말목을 옥죄고 코뚜레로써 쇠코를 뚫는 것이 다 인위로써 자연을 멸하는 것이다. 사람은 짐승을 마음대로 부리기 위해서 이러지만 짐승으로서 보면 기막힌 일이다. 유가(儒家)에서는 인의(仁義)를 숭상하며 그것으로 사람을 가르치려 한다. 장자(莊子)의 눈에는 그 인의라는 것이 다 사람의 자연을 구속 내지 왜곡(歪曲)하는 말고삐나 쇠코뚜레로 보였던 모양이다.

각설(却說)하고. 병원에서 내게 코뚜레를 한 것(곳줄을 맨 것)은 결코 내 자연을 제약, 구속, 또는 왜곡하려 그런 것은 물론 아니다. 그러나 그런 것과 상관없이 그 코뚜레를 하고 다니는 동안 나는 온전히 부자유(不自由) 속에 살아야 했다. 문득 문득 자유(自由)란 말이 입 안을 맴돌았다.

"목숨을 걸고 쟁취하려던 그 절대의 가치(價值)!"

어떤 눈물

내가 입원한 응급병동 4인실에 텔레비전이 한 대 놓여 있었다. 그 바로 앞 병상에는 50대 환자 한 사람이 누워 별로 말이 없었는데 얼굴이 퍽 검고 많이 지쳐 보였다. 그 부인인 아주머니는 온 종일 남편의 병상에 걸터앉아 시중을 들거나 쪽판 침대(보조침대)에 눕거나 하면서 텔레비전을 보았다. 역시 얼굴은 검고 말도 퍽 투박했다. 밤이 늦어 다른 사람들이다 불을 끌 때도 그 아주머니는 텔레비전을 보았다.

"남 생각도 좀 해 주어야지."

어느 날 밤 내가 이렇게 좀 불만스러워하자 쪽판 침대에 앉았던 아내가 나직이 말했다. 아까 저녁때 구름다리(이쪽 병동에서 저쪽 병동으로 건너가는 공중 복도)에 잠깐 나갔다가 석양에 우두커니 혼자 서 있는 그 아주머니를 만났다고 한다.

"강원도 어느 산골에서 농사를 짓는대요. 간암 말기라나 봐. 그래 마지막으로 이 병원을 찾아왔다면서 눈물을 주르륵 흘리데. 나도 괜히 눈물이 쏟아집디다."

나는 잠시 눈을 감았다. 석양, 눈물로 번들거리는 그 아주머니의 검은 얼굴이 눈앞에 어른거렸다. 아, 꿈이었으면, 그랬을 것이다. 잠시라도 그 괴로운 현실을 잊어보려고 그토록 텔레비전에 정신을 쏟는 걸까? 아내가 또 나직이 말했다.

"그 눈물 거두고 웃으면서 돌아가야 할 텐데."

나도 가만히 고개를 끄덕였다. 세상엔 슬픈 사람도 많다.

방귀(放氣)

이윽고 응급병동 4인실에서 본관병동 2인실로 건너가 이튿날 수술을 받았다. 그리고 그 방에서 하룻밤을 더 자고 6인실로 옮겼다.

그 다음 날이던가, 간호원이 와 물었다.

"가스 나왔어요?"

조금 뒤에 주치의가 또 지나다가 무슨 습관처럼 물었다.
"방귀 나왔어요?"
간호원의 가스나 주치의의 방귀나 그게 그 말이다. 가스가 방귀보다 덜 구린 것도 아니고 방귀가 가스보다 더 구린 것도 아니다. 어떻든 매번 아니라고 말해야 하는 나는 내가 괜히 무슨 죄인이라도 된 것 같았다. 여기저기서 이따금
"예, 나왔어요."
"어째 아직-."
하는 대답소리가 들렸다. 나왔다는 사람의 목소리는 흔쾌 그 자체, 아직 안 나왔다는 사람은 아마도 나처럼 괜히 지은 죄 없이 죄인 같았을 게다.
"밖에 나가 운동 좀 하세요. 그래야 빨리 나와요."
간호원이 말이다. 운동이라야 병원 복도 몇 바퀴 도는 게 전부다. (병원 밖은 추워서 나가지 못한다. 설령 나간다 해도 거니는 것 이외는 달리 할 게 없다.) 그런데 그 몇 바퀴 도는 운동이나마 그게 여간 고역스러운 게 아니다. 복도엘 나가보면 콧줄 길게 늘어뜨린 사람, 거기다 또 목 아니면 팔뚝에 링거바늘 꽂고 홀대(holder) 밀며 가는 사람, 별의별 사람들이 다 많다. 고역-. 나는 그들을 바라보며 내 모습이 저러려니 하고 피씩 웃은 일이 있다. 그들도 나를 보고 그렇게 웃었을까?
운동은 방귀만 빨리 나오게 하는 게 아니고 폐렴을 예방하는 데도 최고라고 한다. 어느 날 한 젊은 수련의가 두 번

세 번 이렇게 말하면서 덧붙여 가로되

"우아하게 누워서 신문이나 보면 폐렴 걸립니다."
했다.(나 들어 보라는 소리 같았다.) 그러니 아무리 고역스러워도 안 할 수 없는 게 바로 그 운동이다. 어떻든 복도 몇 바퀴 도는 그 하찮은 운동이나마 하고 나면 몸에 땀도 좀 난 것 같고 심신도 퍽 상쾌했다. 그럴 때마다 샤워 생각이 굴뚝같았지만 콧줄 늘어뜨리고 주렁주렁 병 매단 나로서는 그럴 수가 없었다. 과연 그 운동 덕분이었던지 나는 머잖아 그 대망의 방귀가 나오고 마침내 간호원의 축하(잘 하셨다는)를 받는 몸이 되었다.

자, 그렇다면 이 대단한 방귀란 대체 무얼까? 나는 퇴원 후 집엘 와서 국어사전을 펼쳐보았다. 방귀가 뭐라고 풀이되어 있는지 그것이 알고 싶었다. 가로되 "뱃속에서 생겨 똥구멍으로 나오는 구린내 나는 가스, 방기(放氣)."라 했다.

방귀라면 우리는 누구나 다 후각적으로 혐오하는 경향이 있다. 이른바 그 구린내 때문이다. 해서 남 있는 데서 조심 없이 방기(放氣)를 하면 우리는 그를 대단히 몰교양한 사람으로 낙인을 찍는다. 그러나 이 병실, 수술환자의 경우는 아니다. 어느 누구도 방귀를 혐오하지 않는다. 혐오라니, 그건 바로 복음(福音)인 것을! 조심 없이 방기(放氣)했다 해서 그걸 몰교양으로 매도하는 일도 절대 없다. 몰교양? 천만에, 그건 바로 선망(羨望)이다.

나는 지금까지 혐오해 온 것이 많다. 증오해 온 것, 기피해 온 것도 많다. 그렇다면 나의 그런 혐오, 증오, 기피는 언제나 정당한 것이었을까? 그 대상의 긍정적인 한 면을 놓친 일은 없었을까? 좀 진부하지만 문득 이런 생각이 들었다.

기다림

오전 8시 반쯤이면 병실에 아침 식사가 배달된다. 점심은 12시 반쯤, 저녁은 6시 좀 지나서다. 어떤 환자는 미음을 먹고 어떤 환자는 죽을 먹는다. 밥을 먹는 환자도 있다. 우리 바로 건너편 젊은 환자는 병원에서 주는 죽이 모자라 사다가 보충을 한다고 했다. 그러나 나는 아직 금식이다. 물 한 모금도 먹으면 안 된다. 노란 포도당에 또 무슨 영양제가 똑 똑 한 방울씩 떨어질 뿐―.

"나는 언제나 먹을까?"

물 한 사발 벌떡벌떡 들이켜 봤으면, 흰밥에 보쌈김치 쭉 찢어 얹고 큼직하게 한 술 떠 봤으면, 건너편 환자들이 일어나 밥상에 앉는 걸 보면 한숨이 절로 나왔다. 그럴 때 문득문득 떠오르는 한 장면―.

송(宋)나라에 한 농부(農夫)가 있었다.
그는 곡식의 싹이 빨리 자라지 않는 것이 안타까워, 어느 날 들엘 나가 그 답답하게 자라는 곡식의 싹들을 쏘옥쏘옥 빼 올렸다. 그리고는 힘든 모습으로 돌아와 말했다.
"아, 피곤하구나. 내가 오늘 곡식의 싹이 빨리 자라도록 도왔
느니라(予助苗長矣)."
이 말을 듣고 그 아들이 들엘 나가 보니 곡식의 싹들이 모두
배들배들 말라 비틀어져 있었다.

- ≪孟子≫ 公孫丑章句 上2

이 이야기는 성급하게 굴다가 일을 망치는 어리석음을 경계한 것이다. 나는 일찍이 이 이야기를 읽고, "그 송나라 사람 가짜 농부야. 진짜라면 어떤 미친놈의 농부가 그러겠나? 흙냄새 한 번 못 맡아 본 가짜들 데려다 논밭 맡기면 그렇게 마련이지(≪수필과비평≫ 2004, 7·8)." 하고 그를 매도한 일이 있다(이건 좀 정치적인 발언이었다). 그러나 건너편 환자들이 밥상에 앉는 걸 보노라면 그 송나라 농부의 급한 마음이 참으로 이해되었다.

6인실은 출입이 무상했다. 나처럼 비교적 오래 머무르는 환자도 있지만 한 주일쯤 있다 나가는 사람이 많았다. 어제 왔다 오늘 수술 받고 내일 나가는 사람도 더러 있었다.

"나는 언제나 나갈까?"

나보다 늦게 들어와 먼저 나가는 사람을 보노라면 나도 모르게 이런 말이 한숨에 섞여 나왔다. 그럴 때도 송나라 농부의 그 급한 마음이 정말 이해되고도 남았다. 그러나 내가 서둘러서 될 일이 아니잖은가? 그러니 기다릴 수밖에―. 그

건 수도(修道)였다. 그래, 그러자. 옛날의 월명(月明) 스님처럼 도(道) 닦으며 기다리자.

쪽판 침대

병상 옆에 보조 침대가 하나 놓여 있다. 높이 20센티쯤, 키가 보통인 사람도 거기 누우려면 다리를 오그려야 한다. 그래 나는 그 보조 침대를 쪽판 침대라고 불렀다. 사실은 침대랄 것도 없는 널 한 쪽, 그저 명목만 침대인 그런 물건이다.

내 아내는 체신이 좀 삭은 편이다. 해서 거기 누워도 다리는 오그리지 않았다. 그렇다고 물론 편한 자리는 아니었다. 아내는 그 쪽판 침대에 담요 한 장 깔고 담요 한 장 덮고, 그리고 신문 아니면 잡지 좀 펼쳐보다가 잠이 들었다. 깊은 밤, 내가 잠을 못 이루고 혼자 만리장성이라도 쌓노라면 아내의 가늘게 코 고는 소리가 간간 들렸다. 하루해가 얼마나 힘들고 지루했을까? 내가 화장실에라도 가려고 부스럭거리면 곤히 자던 아내가 어떻게 알고 금방 일어나 병상에서 내려가는 나를 부축했다. 그리고 화장실 문 앞에 서서 내가 아무 일 없이 볼일 보고 나오기를 기다렸다.

내 아내는 그리 귀 밝은 사람이 못 된다. 집에서는 누가 떠메어가도 모를 만큼 깊은 잠에 빠지는 사람이다. 그런 사람이 어떻게 내가 부스럭거리기만 해도 그처럼 금방 일어날까? 쪽판 침대에 무슨 센서라도 붙어 있어서 아내를 깨우는 걸까?

아이들

나는 딸이 둘, 아들이 둘이다. 옛날 내 후배 한 사람은 나를 보고 야만인이라고 했다. 너무 많이 낳았다는 뜻이다. 그러나 나는 단 한 번도 많다고 생각한 일이 없다. 자, 그건 그렇고, 그러고 보니 사위도 둘, 며느리도 둘, 모두 여덟이다.

이 네 아이들 내외는 무슨 당번 정해 놓은 듯 번갈아가며 병실을 찾아온다. 어떤 때는 멸치볶음에 나물무침을 해 오고, 또 어떤 때는 저녁을 지어가지고 와 아내를 먹인다. 지난 설에는 저희끼리 분담을 했던지 작은딸아이가 떡국을, 보름에는 큰며늘아이가 오곡밥을 지어 왔다. 나는 아직 금식 중이어서 입맛만 다셨지만 아내가 맛있게 먹는 게 보기 좋았다. 큰딸아이와 작은며늘아이가 무얼 분담했는지는 아직 미상이다. 그러나 어떻든 다 제 엄마(시어머니)가 맛있게 먹을 그런 것들일 게다. 아이들은 내 간병 때문에 아내가 병이라도 날까 봐 여간 큰 걱정이 아니다.

두 사내아이들이 몇 번 제 엄마 대신 병실에 와 자겠다고 했다. 그러나 나는 못 오게 말렸다. 온 종일 직장에서 시달린 아이들을 보고 차마 그러랄 수는 없는 일이었다. 그런데 그저께는 막내가 기어이 왔다. 이러다 엄마 병날 테니 오늘은 집에 들어가서 샤워라도 좀 하라는 것이다. 해서 아내는 마지못해 집으로 가고 나는 아이와 이런저런 이야기를 나누다가 잠이 들었다. 그런데 한밤중이었다. 내가 일어나 보니 아이는 쪽판 침대에 다리 오그리고 돌아누워 쌕쌕 자고 있었다. 조금만 부스럭거려도 금방 일어날 아이, 나는 아이가 깰까봐 조심조심 화장실엘 다녀왔다.

나는 딸이 둘, 아들이 둘이다. 내 후배의 못된 소리가 아니더라도 이 네 아이 낳고 기르고 시집 장가 보낼 때 우리는 참 힘들었다. 교사의 얄팍한 월급봉투─. 그러나 이제 다들 장성해서 자식 낳고 사는 걸 보면 적이 미더운 데도 없지 않다.

내 서재(書齋)

이느 닐이넌가 한밤중에 눈을 떴다. 다시 눈을 감았지만 잠이 오질 않았다. 생각이 생각의 꼬리를 물었다. 그런데 무엇이 계기가 되었던지 내 서재가 눈에 보였다. 아니, 서재랄 것도 없다. 그저 두어 평짜리 작은 방에 지나지 않는다.

이 방에는 비교적 큰 창이 하나 나 있다. 창밖은 산이다. 이 산은 해마다 연둣빛 잎새들이 곱다. 푸른 숲 위에 퍼붓는 소나기는 늘 장쾌하고. 한잎 두잎 낙엽 지는 그 산길, 그러면 머잖아 흰 눈이 평화처럼 내린다. 나는 책상에 앉아 일을 하다가 좀 피곤하면 창밖을 내다보곤 한다. 그러면 피곤이 가시고 정신이 상쾌해진다.

이 방에는 책도 몇 권 있다. 그 중에도 서거정(徐居正)의 ≪동문선(東文選)≫, 장지연(張志淵)의 ≪대동시선(大東詩選)≫, 허미자(許米子)의 ≪조선조여류시문전집(朝鮮朝女流詩文全集)≫은 내가 소중하게 간직해 온 책들이다. 물론 선후배 동료 여러 분이 보내준 빛나는 저서들도 있다. 나는 내가 책 몇 권은 지니고 산다는 게 기쁘다.

이 방에는 내가 쓴 책도 몇 권 있다. 그 중에는 수필집, 논문집도 있고 우리 고전을 번역한 책도 있다. 모두가 다 아둔한 착상, 거친 문장, 별 볼일 없는 책들이다. 이건 결코 겸손으로 하는 말이 아니다. 그러나 나는 이 책들을 쓸 때 우리말을 정확하게 쓰려 노력했고 어느 한 군데도 악의(惡意)가 스며들지 않도록 경계했다.

이 방 내 작은 책장 서랍에는 술도 두어 병 들어있다. 내가 전에 가르친 사람, 또는 내가 아끼는 후배들이 보내준 것이다. 나는 일을 하다 쉬는 틈틈이 이 술 한잔씩을 따라들었다. 안주는 창밖 풍경으로 대신했다. 빈속이 짜르르했다. 술이 있어서 혼자 한잔 하는 게 나는 좋았다. 그러나 이제 나는 이 술병들과 결별해야 한다.*

* 내가 이 병원에 처음 와서 CT촬영을 하던 날 밤, 그 사진을 본 한 수련의가 내 췌장에 염증이 심하다면서 물었다.
"술 많이 하셨지요?"

내가 고개를 끄덕이자 그가 말했다.
"췌장의 이 염증들, 다 술 때문입니다."
그저께던가 무슨 말 끝에 내 젊은 주치의가 말했다.
"술 들지 마세요. 또 드시면 위험할 수도 있습니다."
위험할 수도 있다는 말은 죽을 수도 있다는 말로 들렸다.
 나는 술을 퍽 좋아했다. 퇴근 후 친구들과 어울려 삼겹살에 소주 한잔 기울이기를 좋아하고, 석양에 연구실 창변에 혼자 서서 후배 교수들이 보내준 스카치 한잔 음미하기를 좋아했다. 그러나 주량은 소주 한 병, 양주라면 두 잔, 이걸 혹 많다고 할 사람도 있을지 모르지만, 술 좋아하는 내 친구들에 비하면 아무것도 아니다.
 그런데 정년으로 학교를 물러나면서 그 양이 조금씩 늘어났다. 한 병이 병반이 되고 두 잔이 석 잔이 되었다. 최근에는 거의 날마다 집에서 일 틈틈이 술을 들었는데 소주는 두 병, 양주는 반 병, 더러는 이 둘을 섞이시 얼근하게 취할 때도 있었다. 사리 분명한 사람이 왜 그러느냐, 술 취한 내게 아내가 늘 하는 소리였다.
 이제 나는 술과 헤어져야 한다. 평생을 함께 한 그 술과 남남으로 지내야 한다. 이것은 괴로운 일이다. 그러나 내가 자초한 것이다. 즐거운 화제를 가지고 소주 서너 잔이었더라면, 산뜻한 생각들을 펼치며 스카치 두 잔쯤이었더라면, 내 췌장이 분개하여 염증을 발할 리 없고 따라서 나는 술과 결별하지 않아도 좋았을 것이다.
 왜 나는 그렇게 무얼 몰랐는지, 왜 그 한잔을 자제하지 못했는지, 내 몸은 무슨 강철로 된 줄 알았던 겔까? 사리 분명한 사람? 천만에, 사리 멍청한 사람이었다. 그러나 이제 이런 말이나 해서 무얼 하겠나? 자, 황희(黃喜) 정승의 가을 노래 한 수 읽고 마치자.

체 장수가 열 번을 다녀가도 나는 이제 술 거를 일이 없으니ㅡ.

대추 볼 붉은 골에 밤은 어이 듣들으며,/ 벼 벤 그루에
게는 어이 내리는고./ 술 익자 체 장수 돌아가니
아니 먹고 어이하리.

— ≪海東歌謠≫

이 방에는 컴퓨터도 한 대 놓여 있다. 나는 이 컴퓨터로 글을 쓰고 그걸 잡지사에 보낸다. 나는 또 이 컴퓨터로 멀리 있는 내 그리운 사람들에게 편지를 쓴다. 그리고 그들이 보내준 편지를 읽고 음악을 듣는다. 이 컴퓨터 앞에 앉으면 내가 혼자가 아니라는 사실, 수많은 사람들과 연결되어 있다는 사실이 여간 미덥지 않다.

생각은 여전히 생각의 꼬리를 물었다. 아무리 잠을 청해도 잠이 오질 않았다. 청하면 청할수록 정신은 더 말똥거리고 내 작은 서재는 더없이 선명한 모습으로 내 눈앞에 전개되었다. 그 작은 방이 너무 그리웠다. 아, 어서 돌아갔으면ㅡ.

퇴원(退院)하던 날

그저께 아침에 CT촬영을 했다. 최종적으로 수술 부위를 점검한다는 것이다. 그날 저녁 회진 때 집도의(외과 교수)가 말하기를, 검사 결과가 다 좋으니 내일은 몸에 붙어 있는 주머니(이 주머니는 둘로 되어 있는데 가는 호스로 수술 부위에서 나오

는 액을 받아낸다) 떼어내고 모레 아침에 퇴원하라고 했다. 나는 위에서 방귀(放氣)를 복음(福音)이라고 한 바 있거니와 퇴원이라는 말이야말로 복음이 아닐 수 없었다.

 이튿날 저녁때 수련의가 주머니를 떼어냈다. 시원했다.
 드디어 퇴원 날(2009. 2. 14), 막내가 아침 일찍 차를 몰고 와 짐을 실었다. 나는 병상을 커튼으로 가리고 환자복을 벗었다. 맨몸이 상큼했다. 그 상큼한 맨몸 위에 내의, 바지, 티셔츠, 그리고 새 양말, 끝으로 잠바를 걸쳤다. 꼭 한 달 만이었다. 그 다음에 우리 내외는 환자 여러 분과 인사를 나누었다.
 "어서 쾌차하십시오."
 "축하합니다. 얼마나 좋으세요?"
 참으로 하고 싶은 말, 참으로 듣고 싶은 말이었다.
 막내는 차를 천천히 몰았다. 아내는 막내 옆에 앉아 졸다 깨다 하고 나는 뒷자리에 넉넉하게 혼자 앉아 차창 밖을 내다보았다. 창밖에 보이는 거리의 건물들, 가게, 간판들이 이상하게 낯설었다. 달리는 자동차들도 다 처음 보는 것 같았다. 한 달이라는 세상과의 격리(隔離)가 그렇게 만든 걸까?
 이윽고 한강, 막내는 여전히 차를 천천히 몰았다. 그지없이 맑고 푸른 하늘에 흰 구름 한 덩이가 가벼이 날았다. 강물이 햇빛에 반짝반짝 빛났다. 그래, 맞아. 저게 한강이야. 처음 보는 것 같던 그 한강이 비로소 늘 보던 한강으로 눈에 들어오는 듯했다. 그러나 어딘가 아직은 좀 낯선 데가 있었다.

차가 아파트에 닿자 경비 김(金)씨가 달려와 손을 잡았다.
"아이구, 교수님. 어쩌다가, 그래—."
"그러게 말입니다. 그 동안 별일 없었어요?"
경비 김씨는 아무 일 없었다면서 내 손을 더 꼭 잡고 한참이나 놓질 않았다. 그는 참 친절한 사람이다. 다정도 한 사람이다. 나는 그런 그가 늘 고마웠다. 그런데 그날은 좀 이상했다. 그가 더없이 반가우면서도 또 한편으로는 우리가 이리로 이사 와서 그를 처음 보았을 때처럼 적이 낯설었던 것이다.

이윽고 내가 퇴원했다고 몰려왔던 아이들도 다 돌아가고 어느덧 밤이 깊었다. 잠이 오질 않아 마루로 나갔다. 아내의 코 고는 소리가 마루까지 들렸다. 지난 한 달, 하룻밤에도 몇 번씩을 일어나야 하는 그 쪽판 침대에서 무슨 잠을 잤겠는가? 깰 일 없어, 마음 놓고 자, 나는 혼자 이렇게 말했다.

그러다 무심히 창밖을 내다봤다. 어둠 속에 희미한 불빛, 한밤에 병상에 앉아 내다보던 그 병실의 창밖도 어둠 속에 불빛이 저렇게 희미했다. 잠시 눈을 감았다. 콧줄에 홀대, 환자복들이 방 안에 어지러웠다. 여기가 어디지? 나는 아직 그 6인실에 앉아 있었다. 지난 한 달이 주마등처럼 지나갔다.

(2009)

방귀와 똥

"이봐, 거 냄새 안 나?"

왜 안 나? 내 코도 아직은 정상적으로 가동되는데―. 어떻든 방귀니 똥이니 하면 자네든 나든 그든 다 후각적으로 기피를 하네. 물론 이건 극히 자연스러운 일일 걸세. 그러니 후각적으로 기피는 할지언정 냄새나는 물건이라 해서 함부로 하찮게 보아서는 안 되네. 지난달 나는 어느 대학병원에 입원했다가 꼭 한 달 만에 퇴원을 했어. 이건 그때 나 스스로 터득한 진리(眞理)야.

내가 입원을 한 것은―. 며칠 전부터 소화가 안 되었네. 명치끝에 뭔지 밤톨만 한 게 잡히었어. 기분이 언짢았지. 해서 대학병원엘 가 CT촬영을 해봤어. 해 보니 위장과 십이지장 사이에 무슨 고리 같은 게 생겨서 음식물의 통로를 옥죄고 있었네. 그래 그 고리 같은 것을 떼어내려는 것이었어.

드디어 수술을 받았네. 그리고 이틀인가 지났어. 우리 예쁜 간호원 처녀가 오며가며 묻더군. 아주 상냥하게.

"가스 나오셨어요?"

총각 의사 선생님이 또 지나다가 묻데. 무뚝뚝하긴-.

"방귀 나왔어요?"

나는 고개를 가로저었네. 안 나오는 걸 어쩌나? 그럴 때마다 나는 내가 꼭 우리 옛 마을의 아기 못 낳아 기죽어 살던 밤실댁 같았어. 내 병상은 6인실에 있었네. 환자들 중에는 일찍이 방기(放氣)를 하고 미방(未放) 환자들에게 연민의 정을 느끼는 사람도 있었을 걸세. 물론 물을 때마다 나처럼 죄책감에 빠지는 사람도 있었을 테고-. 우리 내외는 내 방귀를 기다리며 방기한 선배들을 참 부러워도 했어.

퇴원하기 한 주일쯤 전부터 차차 물을 먹고 미음을 먹었네. 그때까진 완전 금식, 물 한 모금 못 먹었지. 그러다 마침내 죽을 먹게 되었네. 죽 먹으라는 의사 선생님의 말씀은 그대로 복음(福音)이었어. 그런데 이틀인가를 먹어도 똥이 나오질 않아. 마렵기만 하고 안 나오는 것처럼 답답 짜증스러운 일도 없네. 어제 아침, 우리 예쁜 간호원 처녀가 내 병상에 걸린 기록판을 가리키며 말하데. 여전히 상냥하게.

"대변(똥이라고는 안 했네.) 보시면 여기다 표시하세요."

암, 그러지. 내가 화장실엘 다녀오면 아내가 또 물었네.

"나왔어요?"

나는 고개를 가로저었네. 안 나오는 걸 어째? 대변만성(大便晚成)인가? 그런데 오늘 오후, 변기에 앉아 한참 힘을 주었더니 드디어 그 떨어지는 소리가 통랑하게 들렸네. 도토리만 한 게 세 덩이었어. 옛날 중국에서는 똥을 금같이 아꼈다는데(中國惜糞如金-朴齊家 ≪北學議≫ 糞, 농사 때문에 그런 것), 나는 그런 것과 관계없이 그 세 덩이가 그렇게 반갑고 신통할 수가 없었네. 쾌재(快哉)라, 비로소 산 것 같았어.

"그렇다고 냄새 안 나?"

왜 안 나? 그런데 말일세. 냄새나는 물건이니까 후각적으로 기피하는 것은 극히 자연스러운 일이지만, 이 자연스러움이 혹 방귀와 똥을 하찮은 것으로 알게 할까 봐 그게 걱정일세. 방귀 끼고 똥 누는 것이야말로 마치 맥 뛰고 숨 쉬는 것처럼 사람 살아 있음의 가장 확실한 징표 아닌가? 무엇이든 겉으로 드러나는 양상(樣相)이 추하고 시끄럽고 쓰고 냄새나고 거칠다 해서 함부로 하찮게 보아서는 안 되네.

"알겠나, 정진권 군."

* 이 글의 방귀 이야기는 필자의 ≪병상기(病床記)≫에 이미 비슷하게 언급한 바 있다. 그러나 똥 이야기와 어울릴 것 같아 한 번 더 말하기로 한다. 제현의 양해를 바란다.

(2009)

6인실의 사회학

 지난달에 나는 어느 대학병원에 들어가 위(胃) 절제수술을 받았다. 위와 십이지장 사이에 무슨 고리 같은 것이 생겨서 그걸 떼어낸 것이다. 그리고 요 며칠 전에 퇴원을 했다. 꼭 한 달 만이다. 나는 그 병원에 입원해 있는 동안 처음에는 응급병동 4인실에서 나흘, 다음엔 본관병동으로 건너와 2인실에서 이틀, 거기서 수술을 받고 이튿날 같은 병동 6인실로 옮겨 스무 날을 지냈다.
 나는 이제 그 6인실에서 겪은 일 몇 토막을 여기 적어 보려고 한다. 세 병실들 중 하필 6인실이 생각났는지는 나도 잘 모르겠다. 제일 오래 머무른 곳이어서 그랬을까? 아니면 입원료 때문에 그랬을까? 4인실은 하루 8만 원, 2인실은 무려 14만 원, 그런데 6인실은 9천 원이다. 8만 원씩, 14만 원씩 지불해야 할 나로서는 그 9천 원이라는 말이 정말 무슨 복음(福音)만 같았다.

6인실엘 들어서면 입구 왼쪽 벽에 하얀 세면대가 하나, 중앙 통로를 중심으로 그 좌우에 병상이 각각 셋씩 나란하다. 그리고 그 통로 맨 끝엔 공동으로 쓰는 냉장고 하나, 그 위에 텔레비전 한 대가 걸려 있다. 그 바른쪽은 바로 화장실인데 넓지는 않지만 간단한 샤워는 할 만하다. 내 병상은 바로 그 화장실 옆이었다. 각 병상 천정에는 흰색 커튼이 걸려 있다. 그걸 치면 그 안이 온전한 1인용 병실이 된다.

 나는 이 6인실에서 참 다양한 호칭으로 불리었다. 하루 세 끼 식사를 배달하는 하얀 모자 아주머니들은 "정진권씨 식사예요." 하고, 연둣빛 제복의 간호원들은 "정진권님 혈압 재셔야지요." 했다. 그리고 어린 간호원 한 사람은 퍽도 다정하게 "할아버지, 가스 잘 나오세요?" 했다. 내가 어쩌다 씨가 되고 님이 되고 할아버지가 되었을까? 늘 "정 선생, 오랜만이네." 아니면 "선생님, 안녕하세요?" 하는 소리만 듣던 나는 이 호칭들이 퍽 낯설었다. 그러나 이것도 무슨 사회화(社會化)라는 건지 머지않아 거기 익숙해지고 말았다. 잘난(학교 선생) 남편 덕분에 평생을 사모님으로 불려온 아내는, 그러나 이 병실에서는 늘 할머니, 희귀하게는 아주머니였다. 그런데 아내가 외출한 어느 날 누군가를 간병하는 한 처녀가 묻기를 "사모님 아직 안 오셨어요?" 했다. 내가 퍽 심심해 보였던 모양이다. 아내가 이 처녀의 이 말을 들었으면 싶었다.

 어느 날 아내와 이런저런 이야기를 나누다가 핸드폰을 받

는데 우리 라인 맨 끝의 얼굴 검은 50대 아주머니가 달려왔다. 그녀는 내가 전화를 끝내기가 무섭게
 "참말로 이상하네요."
하고는 자기 핸드폰을 내밀면서 내 핸드폰 좀 보자고 했다. 울리는 소리가 똑같다는 것이다. 그러고 보니 같은 모델이었다. 어느 날 그녀가 혹 배터리 충전기 없느냐고 물었다. 배터리가 나가 전화가 안 된다는 것이다. 아내가 웃으면서 충전을 해 주었다. 그날 오후 그녀가 밖엘 나갔다 오면서 풀빵 두어 개를 사다 주었다. 아내는 아직 따끈하다며 맛있게 그 한 개를 먹었다. 나는 금식 중이어서 구경만 했다. 그 후로 그녀는 틈틈이 아내 곁에 와 앉아 이런저런 이야기를 했다. 우리는 그래서 그 남편이 위암 수술을 받았다는 것, 그리고 그들이 멀리 포항에서 왔다는 것을 알았다.

 밤이 되면 나는 내 병상에 커튼을 치고, 그러나 텔레비전이 보일 만큼은 열어두고 혼자 누워서 신문을 보거나 잡지를 뒤적이거나 했다. 9시 뉴스는 보아야 하니까. 병상에서 텔레비전을 보면 약간 사각이었지만 뉴스를 보는 데는 별 지장이 없었다. 아내는 커튼 밖 의자에 앉아 텔레비전을 보았다. 포항 아주머니를 비롯하여 다른 아주머니 두엇이 더 있었다. 같은 시간의 그 연속극, 그들은 연신
 "아니, 저 가시나, 저게 무슨 소리꼬?"
 "하이고, 맛도 고셔라."

하면서 분개하다가 깔깔거리다가 했다. 어느 누구도 다른 데 보자는 일이 없었다. 참으로 희한한 일치(一致)였다. 얼마나 답답하고 지루한 하루였을까? 나는 내 아내와 그 아주머니들이 연속극을 보면서 가슴이 좀 뚫렸으면(카타르시스) 싶었다.

그 6인실은 출입이 대중없었다. 어떤 사람은 나처럼 오래 머무르고, 어떤 사람은 한 주일 내지 열흘쯤, 또 어떤 사람은 사나흘 만에 나가기도 했다. 퇴원하는 사람들은 우선 옷 갈아입고, 손에 백 하나 들고, 그리고는 잔유 환자들을 돌아보며
"먼저 갑니다. 어서 쾌차하십시오."
"이만 갑니다. 어서 따라 나오십시오."
했다. 그 가족들도 함께 그랬다. 그러면 남아 있는 사람들은
"축하합니다. 안녕히 가세요."
"얼마나 좋으세요!"
하는 말로 그들을 보냈다. 정말 얼마나 좋을까? 그들을 볼 때마다, 특히 나보다 늦게 들어와서 먼저 나가는 사람들을 볼 때, 나는 언제 나갈까, 한숨이 절로 나왔다.

누가 나가면 한나절이 멀다 하고 금방 새 환자가 들어왔다. 그들이 다 어디서 오는지는 알 수 없지만 나처럼 2인실에서 옮겨오는 경우도 적지 않았을 것이다. 14만원에서 9천원, 옮겨오는 그들은 또 얼마나 깊은 안도의 한숨을 내쉬었을까? 각설하고. 언젠가의 일이다. 내 건너편에 새 환자가 들어왔다. 30대 후반이었다. 역시 젊은 새댁이 따라왔다. 이

틑날 점심때였다. 새댁이 사과를 깎아 접시에 담아 들고 와

"한 조각 맛보세요."

했다. 아내는 고맙다면서 받았다. 그리고 잠시 후 그 빈 접시에 인절미 몇 개를 담아다 주었다. 문득 생각난 듯이 포항 아주머니한테도 몇 개 가져다주었다. 그 인절미는 제 시어머니 먹으라고 며늘애가 사다 놓은 것이다. 아파트로 처음 이사했을 때 아내가 떡을 맞추어다가 앞집과 아래 위층에 돌리던 생각이 났다.

다른 병실도 그렇겠지만 그 6인실은 문병객이 많았다. 그 중에는 성경을 들고 찾아와 병상의 신도 앞에 기도드리는 목사님도 있고, 그 환자 신도와 함께 성호(聖號)를 긋는 신부님도 있었다. 또 환자의 어린 손자 손녀들이 할아버지를 부르며 달려오기도 하고, 환자의 친구들이 찾아와 도란도란 이야기를 나누기도 했다. 환자들은 그런 순간순간 자신이 결코 세상과 떨어져 있지 않다는 사실을 확인했을 것이다.

그 병원에도 특실이 있다고 들었다. 그러나 하루 얼마인지는 물어보지 못했다. 어느 병원이 건물을 새로 짓고 거기 특실을 개설하는데 하루에 4백만 원이 될 거라고 했다. 그러나 아무리 비싸도 그 특실에 사과 깎아 건네고 인절미 담아 갚는 그런 문화는 생겨날 수 없을 것이다. 2인실은 6인실에 훨씬 더 가깝지만 있어 보니 거기도 사람들 서로 어울려 사는

맛은 별로 없었다.

  6인실은 여섯 환자와 그 가족들, 말하자면 그들의 한 공동체(사회)였다. 서로 아는 것은 무슨 병으로 어디서 온 사람인가 그게 전부였지만, 사흘만 함께 지내도 아침에 얼굴 보는 게 말없이 반가웠다. 혹 복도에서라도 만나면 서로 미소를 지으며 목례를 보냈다. 내가 하필 6인실이 생각난 것은 물론 입원료가 9천 원이어서도 그랬겠지만 거기가 사람 사는 곳 같아서도 그랬을 것이다.

(2009)

산길을 가며(山行)

조선 숙종 때의 문신 강백년(姜栢年, 1603-1681) 선생의 시에 〈산행(山行)〉이라는 5언절구(五言絕句)가 있다. 선생은 퍽 청빈하고 문명도 높았다고 한다. 이제 옮겨보면 대강 다음과 같다.

산길을 가네./산새만 지저귀네. ‖ 스님을 만났네./
길을 물었네. ‖ 스님이 갔네./또 길을 잃었네.
十里無人響, 山空春鳥啼. 逢僧問前路, 僧去路還迷.
　　　　　　　　　　　　　　　　　　- ≪大東詩選≫

한 나그네가 산길을 간다. 깊은 산중 험한 길이다. 산새 소리뿐 사람 하나 볼 수 없다. 언제쯤일까, 갑자기 길이 안 보인다. 응? 진땀이 버쩍 난다. 그때 스님이 온다. 후유 싶다. 길을 묻는다. 스님의 말을 들으니 알 것 같다. 스님이 갔다. 그 알 것 같던 길이 어느 새인지 또 안 보인다.

강백년 선생이 이 시를 쓴 것은 혹 우리들 인생의 길도 이 산길 같아서 그런 것은 아닐까? 도무지 어디로 가야 할지 모를 때가 있다. 그럴 때 우리는 존경하는 분을 찾아 길을 묻는다. 그러면 길이 보인다. 그러나 그분이 늘 우리 곁에 있어 주진 않는다. 그래 어느 새인지 또 길을 잃는다.

그날 우송(友松) 선생의 부음을 듣고 나는 곧 건대(建大) 병원으로 갔다. 문우회의 여러 분이 와 있었다. 한참을 기다려 분향을 했다. "선생님, 거기도 소나무 늘 푸르지요? 늘 푸른 그 소나무(松) 벗하시며(友) 편히 쉬세요." 나는 절 두 번에 이 한 말씀 겨우 드리고 나와 소주 한잔을 들었다.

그리고 얼마나 지났을까, 〈산행〉을 읊으며 지하철을 탔다.

(2009)

아벨라

"아 밸라?"

아니, 아벨라. 내가 요 얼마 전까지 탔던 소형 승용차다. 진한 감색이다. 잔 고장 없고 기름 많이 안 들고 주차하기 좋고(물론 이런 소형차는 많지만 어떻든), 가난한 주머니에 운전 서투른 내게는 딱 맞는 차였다.

이 차의 본주인은 우리 집 둘째딸아이다. 10 몇 년쯤 되었나보다. 이 아이가 박사 후 과정을 미국에서 밟게 되었다. 해서 제가 타던 이 차를 내게 맡기고 간 것이다(사위는 운전이 싫어서 아예 배우지도 않았다.). 새 차였다. 그때 나는 차가 낡아서 새 차로 바꾸려던 중이었다.

그 1년 뒤 딸아이가 돌아왔다. 그런데 차를 찾아가지 않았다. 딸아이는 그 얼마 후 어느 학교의 교수가 되었는데 출퇴근길이 좀 멀었다. 그래도 그냥 타시라며 찾아가지 않았다. 나는 처음에, 아빠가 타시는 걸 어떻게 도로 달래, 그래서 그러는 줄로만 알았다. 그런데 나중에 알고 보니 진짜 이유는 다른 데 있었다.

"아빠, 제가 가 있던 곳은 도로가 한산해서 차 몰기가 편했어요. 서울은, 아휴, 차 몰 생각을 하면 끔찍해요. 어떻게 겁도 없이 여기서 차를 몰고 다녔을까?"

나는 좀 섭섭했지만 금방 잊고 바쁘게 아벨라를 몰고 다녔다. 그리고 10여 년-. 그 동안 딸아이는 버스와 지하철, 좀 급하면 택시, 이렇게 출퇴근을 했고, 나는 바쁘게 차 몰 일이 없어지면서(停年) 공짜로 지하철을 타게 되었다. 제 주인은 싫다 하고 나는 별 쓸 일이 없고, 그래 우리 아벨라는 한 주일에 닷새는 저 혼자 우두커니 차고에 서 있었다. 나는 그게 좀 딱해서 외출에서 돌아올 때면 차고 먼저 들러 시동을 걸어보았다. 부르릉, 녀석의 소리는 늘 경쾌했지만 쓸쓸하게도 들렸다.

내가 한 주도 거르지 않고 녀석을 모는 날은 매주 일요일이었다. 나는 아내를 옆에 태우고 오전 여섯시 첫 미사엘 갔다. 성당에 닿으면 늘 다섯시 반 남짓, 여름날의 환한 아침은 잎새 푸르러 나무들 싱그럽고, 겨울날의 아직 어두운 새벽은 귓가에 스치는 찬바람이 상큼했다. 미사는 일곱시에 끝났다. 미사를 마치고 나오면 녀석이 우리를 기다리고 서 있었다. 잠깐 떨어졌다 만나는데도 늘 반가웠다.

우리는 한 주일에 한 번꼴로 집에서 그리 멀지 않은 백화

점엘 다녔다. 그런데 그날은 주차장이 꽉 차서 지하 4층까지 내려갔다. 그리고 겨우 차를 대고 올라와 장 좀 보고 내려가 보니, 어라, 우리 아벨라가 없다. 아무리 찾아봐도 없다. 3층에 두었나? 거기도 없다. 아냐, 4층이야. 또 정신없이 내려갔다. 그 없던 우리 아벨라가 저만치서 눈에 확 들어왔다. 달려가 한 대 쥐어박고 싶었다.

지난 연말이다. 우리는 둘째딸아이네 아파트 옆 동으로 이사를 했다. 물론 우리 아벨라도 함께 왔다. 나는 이 차로 이따금 딸아이 출근도 시켜주고 외손녀 학원 갈 때 그 부녀(사위는 그때 안식년, 꼭 딸내미를 따라다녔다.)를 태워다 주기도 했다. 그러면서 두어 달이 지났다. 어느 날 딸아이가 우리 아벨라가 너무 낡았다는 말끝에

"아빠, 차 한 대 사야겠어요. 출퇴근도 힘들고, 아이 학원도 그렇고. 끔찍해도 몰아야지, 뭐(아빠 운전하시는 게 불안해서-, 이런 말은 안 했다.)."

하면서 두 집에 차 한 대면 족하니 아벨라는 팔자고 했다. 나는 문득 저걸 어떻게 남을 주나 하는 생각이 들었지만 주인이 팔자는데 못 판다고 할 수도 없고, 또 내게 꼭 필요한 것도 아니거니와 지하철이 편하다는 생각도 들어서 그러라고 했다.

그 얼마 후 어느 날 점심때 한 청년이 새 차를 몰고 왔다. 중형이다. 그는 이런저런 서류를 건네주고 우리 아벨라 키를

받아갔다. 그가 시동을 걸 때 나는 녀석 뒤에 우두커니 서 있었다. 녀석이 아파트 단지를 빠져나간 뒤에도 한참 그 자리에 그렇게 서 있었다. 그날 밤 나는 마음이 좀 언짢았다. 말 못 하는 우리 아벨라, 주인이라는 사람이 얼마나 매정해 보였을까? 그리고 어느덧 한 달이다. 드물기는 하지만 혹 내가 어쩌다 새 차를 몰 때가 있다. 그럴 때면 지금 우리 아벨라는 어느 길을 달리고 있을까, 문득문득 이런 생각이 들곤 한다.

어제 아침이다. 신문을 펼쳤더니 폐차장 사진이 대문짝만 하게 나 있었다. 나는 깜짝 놀라 들여다보았다. 물론 우리 아벨라가 거기 와 있더라도 보일 리 없다. 기사를 읽어보았다. 요즈음 폐차하는 사람이 부쩍 늘었는데, 아직 쓸 만한데도 폐차하는 경우가 있다, 기름 값 때문이다, 대강 이런 내용이었다.

"우리 아벨라는 기름 많이 안 먹어. 여기 올 리 없어."

나는 신문을 던져버리고 베란다로 나가 담배 한 대를 피워 물었다. 파르스름하게 피어오르는 연기 속, 여전히 푸르른 나무들 싱그럽고 찬바람 상큼한 성당, 진한 감색 우리 아벨라가 거기 시무룩하게 서 있었다.

(2009)

봄
― 하늘, 비, 바람

봄이 온다. 봄은 하늘로 오고 비로 오고 바람으로 온다.
그리고 이 하늘, 이 비, 이 바람으로 하여금
잠든 생명(生命)을 발현(發顯)케 한다.

봄 하늘

우리 집 뜰에 드리우는 봄 하늘은 늘 낮춤하다. 손이라도 닿을 듯 낮춤한 이 봄 하늘은 언제 봐도 또 늘 부옇다. 늘 부연 이 봄 하늘은 맑지도 흐리지도 않고 늘 그저 그렇다. 그래 난 좀 답답하다. 해서 활짝 한번 개었으면 할 때가 있지만 이 부연 봄 하늘은 오불관언(吾不關焉)이다. "이봐요, 정(鄭) 선생. 내가 왜 당신 입맛대로 활짝 한번 개야 해?" 무슨 소리야 그게? 자기 천성(天性)대로 살겠다, 이건가?

이 부연 봄 하늘은 불볕 퍼붓는 여름하늘 같은 열정이 없다. 바람 서늘한 가을하늘처럼 상큼하지도 못하다. 나는 차라리 칼바람 쌩쌩한 겨울하늘처럼 모질기라도 좀 했으면 싶을 때가 있지만, 그러면 또 "이봐요, 정 선생. 내가 왜 당신 입맛대로~?" 하고 달려들 테니 이 말은 하지 말아야겠다. 어떻든 몰개성(沒個性), 아니 그보다 더 싱거운 게 이 부연 봄 하늘이다. 그것도 이른바 천성이라는 겐가?

부연 봄 하늘이 우리 집 뜰에 낮춤히 드리우면 얼어붙었던 응달에 물기가 돈다. 촉촉하다. 뒷산에선 멧새 한 마리가 포르릉 날아도 온다. 딴에는 봄소식이라도 전한다는 게지? 그럴 무렵이면 겨우내 혼곤히 잠들었던 뜰 안의 나무들이 기지개를 켠다. 거무튀튀한 감나무, 매끄러운 은행나무, 얇게 껍질 벗는 모과나무, 녀석들은 갑자기 팔다리가 근질거린다며 마구 몸을 비튼다. 나도 벌써 내의가 답답하다.

"봄 하늘이 몰개성이라며 함부로 폄하하지 말라."

봄비

우리 집 뜰에 내리는 봄비도 여기 드리우는 봄 하늘처럼 몰개성, 그저 그런 비다. 있는지 없는지, 오는지 마는지, 옛날 정몽주(鄭夢周) 선생은 "하도 가늘어서 오는 것 같지도 않더니 밤이 되자 작은 소리가 겨우 들린다(春雨細不滴, 夜中微有聲. -「春興」)"고 했다. 그러니까 우리 집만이 아니고 다른 집에 오는 봄비도 다 그런 모양이다. 나는 이게 좀 불만스럽지만 참아야겠다. 이것도 그의 천성일 테니까.

봄비여, 다른 비와 비교하는 결례를 용서하라. 이미 그대가 아는 바와 같이 어떤 비는 세차게 마구 퍼부어 둑을 무너뜨린다, 어떤 비는 빈들을 차갑게 적셔 추위를 재촉한다, 또 어떤 비는 쌓인 눈 위에 내리면서 금방 빙판을 만든다. 나는 물론 그대가 이러기를 바라는 것은 아니다. 그러나 있으면 있고 없으면 없고, 오면 오고 말면 말고, 좀 분명한 데가 있었으면 싶다. 아무리 그게 천성이라 할지언정 —.

 그러나 내 희망과 상관없이 봄비는 문자 그대로 유야무야(有耶無耶)다. 그런데 팔다리가 근질거린다며 몸을 비틀던 저 나무 녀석들은 이 유야무야한 봄비가 정말 유야무야하게 내려도 금방 눈을 톡톡 틔운다. 거무튀튀한 감나무도, 매끄러운 은행나무도, 얇게 껍질 벗는 모과나무도, 그 밖에도 모두 연둣빛 고운 눈들이다. 해서 한동안 우리 집 뜰은 나무 녀석들 그 눈 틔우는 소리로 소리 없이 시끄럽다.

 "봄비가 유야무야라며 함부로 폄하하지도 말라."

봄바람

 우리 집 뜰은 부는 봄바람마저 여기 내리는 봄비처럼 몰개성, 유야무야, 그저 그런 바람이다. 있는지 없는지, 부는지 마는지, 옛날 우탁(禹倬) 선생은 "춘산(春山)에 눈 녹인 바람 건듯 불고 간 데 없다. —『青丘永言』"고 했다. 눈 녹인 바람은 물론 봄바람, 그런데 그 바람이 건듯 불고 간 데가 없다.

그럼 그건 불었는지 말았는지다. 나는 이것도 좀 불만스럽지만 역시 참을 수밖에 없다. 또 천성이랄 테니까.

자, 비교하는 결례를 한 번만 더 범해 보자. 우리가 다 아는 대로 어떤 바람은 거세게 불어 지붕을 날린다, 어떤 바람은 썰렁 불어 나뭇잎을 흩날린다, 또 어떤 바람은 매섭게 불어 강물을 얼린다. 나는 우리 봄바람이 이러기를 바라는 것은 물론 아니다. 그 다음 내가 할 말은 당신이 잘 알 것이다. 있으면 있고 없으면 없고, 불면 불고 말면 말고, 좀 분명한 데는 있어야 할 것 아냐? 그렇다. 천성은 무슨-.

그러나 이 또한 내 소망과 상관없이 봄바람은 문자 그대로 유약무(有若無)다. 그런데 이 유약무한 봄바람이 정말 유약무하게 불면 나무 녀석들 눈 틔우느라 시끄럽던 우리 집 뜰이 집사기 소용해진다. 다투어 눈 틔우던 그 녀석들, 그 틔운바 연둣빛 고운 눈에서 그보다 더 연하고 고운 어린잎을 피워내려는 것이다. 경건한 순간이다. 이제 우리는 곧, 머잖아 하늘을 가릴 위대한 아기의 탄생을 볼 것이다.

"유약무라며 함부로 봄바람을 폄하해서도 안 된다."

긴 어둠 속에 잠든 생명을 누가 다시 발현시키는가?
그것은 똑똑한 것들, 요란한 것들이 하지 못한다.
세찬 것들도 하지 못한다.

(2009)

거짓말考

"이봐, 거짓말에 무슨 考할 게 있나?"
 이 글의 제목을 보고 혹 이렇게 말할 분이 있을지 모르겠다. 하기야 거짓말, 결코 해서는 안 되는 이 못된 말에 무슨 考할 게 있겠는가? 그런데 오늘은 어째 한번 考하고 싶다. 아까 읽은 옛이야기 때문인가? 이야기는 다음과 같다.

　金부잣집 종년 甲년이는 자색이 곱다. 그런데 이를 닦지 않아 이가 늘 누렇다. 朴부잣집 종놈 乙놈이는 인물이 훤하다. 그런데 때를 씻지 않아 팔뚝이 늘 새카맣다. 한 마을에 사는 갓바치가 甲년일 보고 말했다.
　"그 乙놈이가, 허허. 니가 좋아 죽겠는데 이가 누래서 좀 그렇다더라."
　甲년이 깜짝 놀라 이를 닦았다. 내가 좋아 죽겠다구?
　이번엔 乙놈일 보고 말했다.
　"그 甲년이가, 허허. 니가 좋아 죽겠는데 팔뚝이 새카매서 좀,

허허."
 乙놈이도 깜짝 놀라 때를 씻었다. 그것이 증말이여?
 그 며칠 후 乙놈이 金부잣집 대문 앞에서 甲년이 나오기를 기다렸다. 물론 팔뚝 한번 보여 주려는 것이다. 이윽고 甲년이 나왔다. 乙놈이 소매를 걷어붙이고 물어 가로되
 "안에 누가 있냐?"
 甲년이 흰 이를 드러내며 답하여 왈
 "읎어. 어여 들어와."
 이윽고 대문이 쾅 닫혔다.*

 이 이야기의 클라이맥스는 단연 甲년이의 "읎어. 어여 들어와."다. 대문이 쾅 닫히는 순간, 그들 둘은 얼마나 가슴이 뛰었을까? 그들의 그런 행복은 물론 갖바치이 시침 뚝 뗀 거짓말의 결과다. 그럼 갖바치는 왜 그런 거짓말을 했을까? 잘 모르겠다. 그러나 종살이로 힘들게 사는 것들, 어느덧 나이도 차 한창땐데 밤이면 얼마나 짝이 그리울까, 혹 이런 생각을 해서 그런 것은 아닐까?
 그런데 참 희한한 것은, 어쩌다 金부잣집 영감 마나님이 함께 집을 비우면 그걸 乙놈이가 용케 안다는 것이다. 어떻게 알았을까? 甲년이가 대문 옆 감나무에 새끼줄이라도 걸어놓았을까? 그러던 어느 날 金부잣집 마나님이 딸네 집엘 다녀오다 저만치서 문득 보니, 틀림없는 乙놈이놈 살금살금 대문을 나와 어디론지 내빼고 甲년이년은 얼굴 빼꼼히 내밀고

이리저리 살피다가 쏙 들어간다.

"아니, 저것들이?" 마나님은 그날 밤 甲년이를 안방으로 불러들였다. "언제부터 그 애가 우리 집엘 드나들었느냐?" 甲년이 이실직고하고 물러나왔다. 가슴이 와들와들 떨렸다. 마나님은 걱정이 태산 같았다. 저게 헛구역질이라도 하면 집안 꼴이 무에 돼? 그래 이런저런 궁리 끝에 영감님에게 말했다. "그러니 배부르기 전에 혼례를 치릅시다." 영감님이 이튿날 朴부잣집엘 건너갔다.

날짜는 쉽게 잡혔다. 金부잣집 마나님은 날 가는 걸 세며 우선 이불 한 채를 꾸몄다. 놋수저 두 벌에 사발 대접 종지 몇 개도 살강에서 하나하나 골라 대바구니에 싸 넣었다. 된장 고추장 간장도 작은 항아리에 퍼 담았다. 저게 열두 살에 내 집엘 와 어느덧 스물넷, 벌써 열두 핸데, 어린것이 밥이나 얻어먹으려고 왔었어, 불쌍한 것, 미운 정 고운 정 다 든 년을 차마 어찌 몸만 달랑 보내?

그날은 봄볕이 밝았다. 산과 들에 푸른빛이 완연했다. 마을 사람들이 金부잣집 마당으로 모여들었다. 연지곤지 곱게 찍은 甲년이, 사모관대 의젓한 乙놈이, 차일 아래 차려놓은 초례청도 어느 양반 댁 못지않았다. 마을 사람들의 폭소가 간간 터졌다. 鄭부잣집 丙놈이는 乙놈이가 부럽고 李부잣집 丁년이는 甲년이가 부러웠다. 우린 언제 저래 봐? 이봐요, 갓바치氏, 저 두 사람도 엮어 봐.

마침 마을 어귀 본동양반네 아래채가 비어 있었다. 朴부잣집 영감님이 선뜻 그걸 얻어 주었다. 콧구멍만 한 부엌 하나에 둘이 겨우 누울 작은 방 한 칸이지만 甲년이와 乙놈이는 세상에 부러울 게 없었다. 사발 대접 종지 몇 개는 좁은 살강에 포개놓고 된장 고추장 간장 항아리는 볕 좋은 뜰에 나란히 놓았다. 흐뭇했다. 하지만 새벽에 나가 저녁 늦게 돌아오니 이불 한 채밖엔 쓸모가 없었다.
　언제 저것들이 소용에 닿을까? 아니야, 멀지 않아. 남향받이 언덕에 초가삼간 지어야지, 울밑에 호박 심고 상추씨도 뿌려야지, 아들딸 똘똘하게 쑥쑥 낳아야지, 여보 당신 부르며 오붓하게 한번 살아야지ㅡ. 작은 방 그 이불 속, 甲년이는 乙놈의 넉넉한 가슴에 얼굴을 파묻고 乙놈이는 甲년이이 가는 허리를 꼭 껴안고 밤마다 같은 꿈을 꾸었다. 자, 그들의 꿈이 속히 이루어지도록 빌어주자.

　"이봐, 거짓말에 무슨 考할 게 있느냐구?"
　맞아. 해서는 안 될 이 못된 말에 무슨 考할 게 있겠는가? 그럼에도 내가 이 글을 시작할 때는 한번 考하려던 게 있었다. 거짓말의 효용성ㅡ. 갖바치의 시침 뚝 뗀 거짓말 한 마디씩이 얼마나 甲년이와 乙놈이를 행복하게 만들었는가? 그런데 이제 써 놓은 글을 다시 읽어 보니 그 효용성을 考한 것은 두 줄도 안 되고 甲년이와 乙놈이의 결혼 전후를 상상한 것이 거의 전부다. 본의에 어긋난 글.

그러나 나는 이 본의에 어긋난 글을 버리기가 싫다. 이 글을 버리면, 허허거리며 거짓말하는 저 갖바치, 날 가는 걸 세며 이불 꾸미는 金부잣집 마나님, 선뜻 방 한 칸 얻어주는 朴부잣집 영감님, 이 착한 사람들이 다 사라지는 것이다. 이런 좋은 선배들이 많은 社會이어야 힘들게 사는 甲년이와 乙놈이가 남향받이 언덕에 초가삼간 짓는 꿈을 꾸는데, 여보 당신 부르며 오붓하게 한번 살아 보는데—.

"그들이 사라지면 안 돼, 아암."

* 이 이야기는 宋世琳의 《禦眠楯》에 전하는 한 우스갯소리를 필자의 문체로 고쳐 쓴 것, 등장인물들의 호칭도 다 필자가 부여한 것이다. 그러나 줄거리는 크게 다르지 않다.

(2009)

짜장면과 저금통

"짜장면과 저금통이 무슨 상관이래?"

상관은 무슨-, 〈짜장면〉은 내가 쓴 수필 중 한 편, 〈저금통〉은 내가 지은 노랫말 중 한 편, 그저 그럴 뿐이다. 그래 그게 어떻다는 게 아니고, 이 둘을 생각하면 웃음도 나오고 속도 상하고 좀 그래서 그 우습고 속상하는 이야기나 한번 늘어놓을까 하고 이런 제목으로 자판을 두들긴다.

그럼 우선 〈짜장면〉 이야기부터. 이 글은 1973년에 쓴 것인데, '짜장면'은 '자장면'의 잘못이니 고쳐 쓰라는 말을 더러 들은 일이 있다. 그러나 자장면은 짜장면 맛이 안 나서 나는 고치지 않았다. 어떻든 이 글은 다음과 같이 시작된다.

짜장면은 좀 침침한 작은 중국집에서 먹어야 맛이 난다.
그 방은 퍽 좁아야 하고, 될 수 있는 대로 깨끗지 못해야 하고,

칸막이에는 콩알만 한 구멍이 몇 개 뚫려 있어야 어울린다. 식탁은 널판으로 아무렇게나 만든 앉은뱅이가 좋고, 그 위엔 담뱃불에 탄 자국들이 검게 또렷하게 무수히 산재해 있어야 정이 간다. <u>방석도 때에 절어 윤이 날 듯하고 손으로 잡으면 단번에 쩍 하고 달라붙는 것이어야 앉기에 편하다.</u>
- 필자, 수필선집 ≪짜장면≫

아주 오래 전의 일이다. ≪에세이문학≫社엘 들렀더니 박연구(朴演求) 선생(작고, 당시 주간)이 무슨 말 끝에 싱글거리며 한 마디 했다.
"자네, 짜장면 잘 간수하게. 나 아니면 도둑맞았네."
짜장면을 도둑맞다니?
"그게 무슨 소리야?"
이야기인즉 이렇다. 어느 단체에서 문학작품을 현상 모집했는데 박 선생이 수필분야를 심사했다. 그런데 예심을 거쳐 올라온 그 작품들 속에 내 〈짜장면〉이 들어있더라는 것이다. 그리고 한 마디 덧붙였다.
"나 아니었으면 그 사람 장원했을 텐데-."
빈말이었지만 싫지는 않았다. 입선을 하면 그 글이 공표될 것이고, 그러면 글 임자가 나타날 텐데 그는 왜 남의 글로 응모를 했을까? 이상한 일-.
이것은 최근의 일이다. 어느 잡지사의 젊은 여기자가 전화를 했다. 내 〈짜장면〉이 아주 재미있다고 한참 치켜세우더니 자기네 잡지에 실어도 좋으냐는 것이다. 나는 내 글이 재미있다는 데야 특별히 마다 할 이유도 없어서 그러라고 했다. 그리고 얼마쯤 지났다. 잡지가 나왔다며 그 여기자가 전화를 했다. 주민등록번호와 은행 계좌번호를 알려 달라고 해서 불러 주었더니 지나가는 말처럼 한 마디 덧붙였다.

"그런데 선생님, 글이 지면에 맞지 않아 몇 줄 뺐어요."

순간 나는 내가 잘못 들었나 싶었다.

"뭐라구? 지면에 안 맞으면 싣질 말든지 아니면 내게 줄여 달라고 할 일이지 이게 무슨 소리예요?"

나는 홧김에 나도 모르게 전화를 끊었다.

이윽고 잡지가 나왔다. 여러분은 위에 보인 이 글의 첫머리를 다시 봐 주기 바란다. 밑줄 친 부분이 간 곳 없이 사라졌다. 이렇게 사라진 곳이 네댓 군데다. 어떤 문장은 주어가 빠져서 말이 안 되고, 어떤 두 문단은 접속어가 없어져서 이음새가 엉망이고 —. 곧 그 여기자에게 전화를 했다. 그리고 몇 마디 나무라고는

"다음 호 편집후기에 이 사실을 밝히고 필자와 독자에게 사과하는 글 실으세요."

하고 못을 박았다. 여기자는 백번도 더 그러겠다며 용서를 빌었다. 그리고 그날 저녁 호두과자 한 상자를 사 들고 어떤 여장부(그 잡지의 편집 책임자)와 함께 우리 집엘 왔다. 나는 진심으로 사과하는 그들에게 아무 말도 더 할 수가 없어서

오히려 내 수필집 한 권씩을 주어 보냈다. 그들은 약속대로 다음 호에 사과문을 실었다.

다음은 〈저금통〉 이야기. 나는 1969년부터 77년까지 한 8년 동안 문교부에서 국어교육을 담당하는 편수관(編修官)으로 근무한 일이 있다. 자, 각설하고-.

> 땡그랑 한 푼, 땡그랑 두 푼, 벙어리저금통이
> 어휴 무거워./ 하하하하, 우리는 착한 어린이,
> 아껴 쓰며 저축하는 알뜰한 어린이.

여러분은 혹 어린이들의 이런 노래를 들어 본 일이 있는지 모르겠다. 이 노래의 둘째 절은 다음과 같다.

> 어린이 창구, 어여쁜 언니, 웃으며 통장 주며
> 어휴 부자군./ 하하하하, 우리는 착한 어린이,
> 아껴 쓰며 저축하는 알뜰한 어린이.

내가 문교부에 근무하던 그 8년 중 어느 해인지는 확실치 않다. 어떻든 공화당 정권 시절, 국민정신교육을 한창 강조할 때다. 하루는 선배 편수관인 음악담당 정세문(鄭世文) 선생이 나를 보고
"이봐, 정 편수관. 우리 어린이들에게 저축의식을 고취할

수 있는 무슨 노래를 하나 만들어야겠어. 노랫말 하나 지어 봐."

하셨다. 선생은 〈겨울나무〉 같은 유명한 노래를 지으신 작곡가로 나는 선생의 요청에 따라 그 전에도 몇 번 노랫말을 지어 드린 일이 있다. 이 〈저금통〉도 그때 그래서 지은 것이다. 이 노래는 곧 초등학교 음악 교과서에 실렸다. 그런데 이 노래의 작곡자는 선생이 아니라 다른 분이었다. 바빠서 어느 친구 분에게 맡기셨다는 것이다. 물론 그런 것은 내 관심사가 아니었다. 나는 그저 퇴근 후에 우리 집 꼬마들과 그 땡그랑 한 푼을 깔깔거리며 노래하는 것이 즐거웠다.

그리고 세월이 흘렀다. 그 동안 선생은 세상을 떠나시고 나도 관복을 벗었다. 이것은 내가 관리 노릇을 그만두고 얼마 안 되었을 때의 일일 것이다. 어디서였는지는 이제 다 잊었지만 나는 우연히 무슨 동요집(책이었던지 테이프였던지는 잘 기억나지 않는다.)을 하나 보게 되었다. 거기 〈저금통〉이 들어 있었다. 반가웠다. 문득, 우리 집 꼬마들과 깔깔거리며 노래 부르던 지난날이 불러라도 온 듯 눈앞에 펼쳐졌다. 그런데 작사자가 '미상'으로 되어 있는 것이다. 거기 밝혀진 작곡자가 누구였는지도 그 동안 기억하지 못했는데 최근에 손대업(孫大業) 선생이라는 걸 확인했다. 세상에 '미상'이라니—.

나는 곧 문교부 음악 담당 편수관에게 전화를 했다. 여자 분이었다. 그리고 저간의 사정을 소상하게 말했다. 그러자 확인해 볼 테니 시간을 좀 달라고 했다. 그 이틀 후던가 전화가 왔다. 아무리 찾아봐도 내가 지었다는 근거가 없다는 것이다. 중등학교 교과서는 그 지은이를 밝히지만 그때만 해도 초등학교는 밝히지 않는 게 관례이기는 했다. 그렇다고 교사용지도서에까지 안 밝혔던가? 어떻든 허무했다.

그리고 또 몇 년이 지났다. 그런데 참 이상하게도 이따금 땡그랑 한 푼이 생각나곤 했다. 해서 어느 날이던가 인터넷에 들어가 보았다. 작사자는 여전히 미상, 작곡자는 손대업─. 그럼 손 선생이 혹 작사자의 이름을 아시지 않을까, 설령 모르더라도 문교부 편수관이었다는 사실 정도는 아시겠지, 문득 이런 생각이 들었다. 나는 곧 손 선생의 연락처를 알아보려고 음악저작권협회에 전화를 했다. 그런데 여직원이 말하기를 이미 작고하셨다는 것이다(한 번도 뵌 일 없는 분이지만 그때 나는 문득 애도의 정이 일었다.). 또 한 번 허무했다.

이제 이 글을 마쳐야겠다. 그런데 생각해 보면─.

내 〈짜장면〉을 자기 이름으로 응모한 사람은 참 미련도 한 친구다. 그렇지만 이 글이 퍽도 자기 마음에 들어서 그랬을 것을 생각하면 그리 싫지는 않다. 또 자기 이름으로 응모했다 해서 이 글이 그의 글이 되는 것도 아니고. 내 〈짜장면〉을 난도질한 사람도 미련하기는 마찬가지다. 그런데도 그의 말대로 이 글이 재미있어서 실었다니 역시 싫지만은 않다.

또 이 글은 내 수필집을 비롯해서 여러 책에 성한 모습 그대로 실려 있으니까 한 잡지가 어찌했다 해서 이 글이 아주 병신이 되는 것도 아니고. 그러니 〈짜장면〉을 생각하면 웃음은 나올지언정 속상할 것은 없다.

   그런데 〈저금통〉은 그게 아니다. 내가 지었다는 근거도 찾을 수 없거니와 나한테 작사를 부탁했던 분도, 내 노랫말에 곡을 붙인 분도 다 가셨다. 더는 물어볼 데도 하소연할 데도 없다. 전에 내가 살던 곳에 재래시장이 하나 있었다. 나는 언젠가 거길 갔다가 미친 듯이 "아무개야!"를 부르며 헤매는 한 젊은 여인을 본 일이 있다. 장을 보다가 꼬마를 잃었다는 것이다. 작사자 미상, 이 '미상'이란 말을 보면 내가 꼭 그 여자 같은 생각이 든다. 칠칠치두 못한 여편네, 세 아이 하나 간수를 못 하다니! 아이는 또 얼마나 애타게 제 엄마를 부르며 찾을까? 생각하면 속이 상한다.

(2009)

성하삼제(盛夏三題)

소나기

우리 집 뜰이 온통 불볕이다. 지금은 오후 두시 반, 하늘은 쨍쨍, 구름 한 점이 없다. 목련나무 잎새는 미동도 않고 호박 잎은 척척 늘어진다. 잡초 몇 줌 뽑으려다 그만둔다. 이 무더위에 무슨 잡초―. 문득 하늘을 우러른다. 어, 저것 봐. 꾸역꾸역 먹구름이 모여든다. 그러더니 어디서 우르릉 천둥 한 번, 그리곤 후드득 장대 같은 빗줄기가 마구 내리꽂는다. 쏴, 쏴, 온 뜰이 불 꺼지는 소리로 요란하다.

옛날 삼돌이도 이런 불볕 속에 콩밭을 탔다. 삼돌이 아내가 호미 놓고 땀 훔치는 조밭에도 바람 한 점이 없었다. 먹구름은 역시 갑자기 모여들었다. 그 세차게 내리꽂던 빗줄기, 그러면 삼돌이는 조밭에 손짓을 하고 본동양반네 원두막으로 갔다. 들에서 일하던 사람들이 한둘씩 모여들었다. 보리 한 됫박 주기로 하고 툭 깨먹는 개구리참외가 퍽도 달았다.

그때도 온 들이 불 꺼지는 소리가 쏴, 쏴 했다.

내가 정부종합청사 9층에서 일할 때-. 소나기가 오는 날이면 나는 잠시 일손을 멈추고 창변에 서곤 했다. 멀리 창경원의 수해(樹海) 위로 뿌옇게 연무(煙霧)를 피우며 쏟아지는 소나기가 그렇게 장쾌할 수가 없었다. 그런 날에 나는 금방이라도 날아갈 듯 심신이 가벼웠다. 내려다보면 저 아래 광화문, 크고 작은 자동차들이 빗속을 질주하고 있었다. 나는 한 아름 주워다가 우리 돌이에게 주고 싶었다.

"불볕만 있고 소나기가 없다면 이 여름을 어찌 날까?"

하느님은 완벽한 예술가, 결코 소나기를 잊지 않으셨다.

낮잠(午睡)

이규보(李奎報)의 〈하일(夏日)〉이란 시를 펼치면, '서늘한 대자리/상큼한 베적삼', 낮잠 달게 자는 선비가 보인다. "나도 저런 낮잠 한번 달게 자 봤으면-.", 내가 그랬더니 한 고약한 친구 왈 "낮잠 한번 달게라? 이봐, 낮잠이란 밤 새워 공부한 선비가 피곤해서 잠깐 눈 붙이는 잠이야. 새벽부터 논밭 맨 농부가 힘들어서 잠깐 코 고는 잠이야. 그런데 자네가 뭘 했다고 낮잠을 자? 대단한 염치군."

나는 그 친구의 이 한 마디가 제법 그럴 듯해서 내 어느 글에 옮겨 둔 바 있다. 그러나 다시 생각해 보니 아니다. 교수님의 강의 말씀이 꿈속이듯 가물가물해지는 순간 그만 꼬

빡하는 여학생, 목사님의 설교 말씀이 끝나기 무섭게 번쩍 깨며 "오, 주여!" 하는 권사님, 이들에게도 당연히 오수(午睡)를 즐길 권리가 있는 것이다. 따라서 내 친구가 내 오수욕(午睡慾)을 빈정거린 것은 매우 부당한 짓이다.

그래 낮잠 한번 달게 자 보려고 마루에 누웠는데 전화벨이 울렸다. 학술원 사무국이라고 했다. 나이 지긋한 여직원이었다. 내 논문집 ≪한국수필문학연구(韓國隨筆文學硏究)≫가 우리 수필문학 발전(창작 쪽이든 연구 쪽이든)에 기여한 공이 크므로 학술원상을 준다는 것이다. 그러나 그건 있을 수 없는 일, 나는 곧 사양의 뜻을 표했다. 아직은 내 양심이 마비되지 않았으니까. 그러자 그녀가 한 마디 했다.

"산이라도 떠메어 왔나, 그만 일어나 점심 자셔요!"

응? 아내가 점심을 차리고 있었다. 공연히 한참 섭섭했다.

보신(補身)

여름은 지치기 쉬운 철이다. 해서 이 여름을 탈 없이 보내려면 보신을 잘 해야 한다. 보신을 잘 한다는 것은 결국 잘 먹는다는 말과 같다. 그러니까 시원한 막걸리 한 대접 죽 들이키고 시뻘건 고추장에 풋고추 꾹 찍어 으쩍 깨물어먹는 것도 보신이요, 시커먼 보리밥에 시큼한 열무김치, 아까 그 고추장도 한 숟가락 푹 떠넣고 이리저리 비벼서 큼직큼직 퍼먹는 것도 보신이다. 잘 먹으면 다 보신이다.

물론 나는, 잘 먹으면 다 보신이라는 말로 보신탕(補身湯)의 명예를 훼손할 생각은 추호도 없다. 더구나 오늘은 복(伏)날 아닌가? 지금 종로 3가 사철집(四季屋)이 보사모(보신탕을 사랑하는 모임) 제현으로 입추의 여지가 없다. "위하여!", "땡!(잔 부딪치는 소리)", "야채 좀 더 줘요!", "소주 한 병 더!", 갑자기 터지는 웃음소리, 밖에선 아스팔트가 척척 녹는데 안에선 힘이 콸콸 넘친다.

내가 이렇게 보신탕을 예찬하면 삼계탕(蔘鷄湯) 애호가(삼사모) 여러분의 빈축을 살는지 모르겠다. 그러나 나는 결코 편파적인 사람이 아니다. 자, 펄펄 끓는 오지뚝배기가 앞앞이 놓였거든 노란 인삼주 따라 "땡!" 하자. 그리고는 우선 토실한 다리 한 짝ㅡ. 다음은 한 잔 쭉 하고 "자!(잔 권하는 소리)", "그만, 그만!(잔이 넘치기를 바라며 공연히 하는 소리)" 어느새 더위도 피곤도 다 날아간다, 어허.

"뭐니 뭐니 해도 여름엔 그저 잘 먹을 일이다."

암, 나도 이 글 마치면 막걸리 한 대접 죽 들이켜야겠다.

(2009)

한산사(寒山寺)와 신륵사(神勒寺)

내가 오래 전에 들은 이야기 한 토막-.

중국 소주(蘇州) 교외에 한산사(寒山寺)라는 절이 유명한데 그 부근에 다리 하나가 있어 또 유명하다고 한다. 그 다리 이름이 풍교(楓橋)다. 지금은 어떤지 모르지만 옛날에는 그 아래로 밤낮없이 어선(漁船)들도 드나들었던 모양이다.

당(唐)나라 때 장계(張繼)라는 사람이 있었다. 과거(科擧)에 낙방을 하고 집으로 돌아가는 길, 이 풍교 어느 객선(客船)에서 하룻밤을 묵게 되었다. 적지 않은 나이, 처량했다. 밤이 깊었다. 그의 〈풍교야박(楓橋夜泊)〉은 그때 지은 것이라는데-.

서리 차네, 달 지네, 까마귀 울고,
고깃배 빤한 불빛
시름은 겹고.
한밤의 한산사 설은 종소린

나그네 조는 배에
멀리 와 닿고.

月落烏啼霜滿天, 江楓漁火對愁眠.
姑蘇城外寒山寺, 夜半鐘聲到客船.
― 許世旭 ≪中國歷代詩選≫

한산사(풍교도 함께)는 이 시로 해서 더욱 유명해지고 장계는 이 시로 해서 일약 유명 시인이 되었다고 한다. 요 얼마 전 어느 음식점엘 갔다가 그 집 병풍에서 이 시를 본 일이 있다. 마치 한산사라도 가보는 듯했다.

다음은 최근에 읽은 시 한 편―.
지은이는 최수(崔脩)[1], 제목은〈황려도중(黃驪途中)〉. 자, 이 시 이야기하기 전에 잠깐, 대체 황려(黃驪)가 어딘데 거길 가는 건가? 어느 사전(事典)을 펼쳐 보았더니 경기도 여주(驪州)의 고려 때 이름이라고 한다. 신라 때는 황요(黃驍)라고도 했고.
그런데 원문의 벽사(甓寺)는 또 뭘까? 벽사가 여주 신륵사(神勒寺)의 옛 이름이라는 것도 이 시 읽던 날 나는 처음 알았다. 이 시 둘째 구의 광릉(廣陵)이 한성(漢城) 또는 광주(廣州)

---

1) 최수(崔脩) ; 조선 초기의 문신, 시인. 시에 뛰어났다.

라는 것은 나도 알고 있었다. 자, 황려 가는 길-.

　　신륵사의 종소리 한밤에 울어
　　돌아가는 나그네의
　　꿈에 와 닿네.
　　장계(張繼)가 여길 와 묵었더라면
　　한산사가 무에 그리
　　이름났을꼬.

　　甓寺鍾聲半夜鳴, 廣陵歸客夢初驚.
　　若敎張繼來過此, 未必寒山獨擅名.
　　　　　　　　　　　　- 成俔 ≪慵齋叢話≫

　이 시를 보고 서거정(徐居正)2)은 일찍이 "예부터 장계의 시를 폄훼(貶毁)하되 절에는 한밤의 종소리가 없다 했는데, 최수가 이를 따랐으니 이 어찌 된 일인가?"3) 했다. 그러나 나는 한밤에 종소리 은은히 들리는 이 시가 좋다.

　각설하고. 한창 휴가철이다.
　벌써 인천공항이 미어터진다. 나도 저들 틈에 끼여 소주

---

2) 서거정(徐居正, 1420-1488) ; 조선 성종 때의 문신, 문인. 호는 사가정(四佳亭). 시문이 뛰어났다. 저서로 ≪동인시화(東人詩話)≫, ≪필원잡기(筆苑雜記)≫, 편저로 ≪동문선(東文選)≫.
3) 권별(權鼈) ≪해동잡록(海東雜錄)≫ 최수條.

한번 다녀올까? 가서 풍교 부근 어느 객선에 앉아 잔을 기울여 볼까? 그러면 어느덧 밤은 깊고 마침내 한산사의 먼 종소리가 들릴 것이다. 그러나 나는 과거에 낙방한 일이 없으니 섧게 들을 것은 없다. 月落烏啼를 외며 감상(感傷)을 향락하는 것으로 족하다.

그런데 나는 비행기 타는 것이 여간 힘들지가 않다. 호텔에서 먹고 자는 것도 괴롭고. 그러니까 한산사는 포기하자. 그 대신 한 번도 못 가 본 여주 신륵사로 가자. 가서 절 근처 어디쯤에 민박(民泊) 하나 정하고, 그리고 한잔씩 들다 보면 한밤이 이를 것이다. 그런데 사람 많은 이 철에 민박 정하기는 쉬울랑가 몰라.

작년 여름의 일이다 필리핀에 가 있는 후배 한 사람이 며칠 와 쉬었다 가라고 했다. 나는 그러마 그러마 하면서도 비행기 타는 게 겁나 못 갔다. 금년엔 오라는 소리도 안 한다. 나라 안에도 갈 곳은 많다. 경포대, 속리산, 만리포…. 그러나 집 떠나기가 엄두가 안 나 나는 올 여름도 집에서 이런 시나 읽어야 할 것 같다.

(2009)

서천령(西川令)

존경하는 편집장 족하

하명하신 대로 좋은 글 한 편 써 보려고 이렇게 머리를 쥐어짜고 있습니다. 헌데 도무지 글이 되질 않습니다. 마감 날짜는 하루하루 저리 다가오는데-. 해서 옛날에 읽은 짧은 글 두 편 여기 옮겨 싣고 글빚이나 갚을까 합니다. 관용하시기 바랍니다. 이 두 이야기에 등장하는 서천령(西川令)은 종실(宗室) 사람으로 장기의 명수입니다. 높은 신분, 탁월한 재능, 누구든 부러워할 그런 사람이지요. 그런데 하필 이 이야기가 생각났는지는 저도 잘 모르겠습니다.

상번군사(上番軍士, 入隊하는 軍士)

우리 마을의 서천령(西川令)이라는 이는 종실 사람이라. 장기를 잘 두어 동국(東國) 제일 솜씨(國手) 되고 광세(曠世)에 대적할 이 없어 이제 이르도록 그 묘법(妙法)을 전하여 서천령 수법(西川

슈手法)이라 이르더라.

　상번(上番, 입대하는) 늙은 군사(軍士)이 있어 하도(下道)로부터 준마(駿馬)를 끌고 올라와 뵈며 가로되

　"들으니 공자(公子)께서 장기를 잘 두신다 하니, 더불어 내기하여 이기지 못하면 이 말을 드리렸노라."

하고(서천령이 무엇을 걸었는지는 본문에 없다.), 세 판에 두 번 진지라, 마침내 그 말을 드리고 가며 가로되

　"청컨대 공자께서는 이 말을 잘 먹이시라. 훗날에 다시 하리라."

　서천령이 웃어 가로되 좋다 하고, 새로 준마를 얻은지라 먹이기를 다른 말로서 배나 하여 살이 찐지라.

　다른 날에 그 군사 하번(下番, 제대)할 제 과연 스스로 와 청하거늘(군사가 무엇을 걸었는지는 본문에 없다.) 서천령이 세 번 싸워 세 번 이기지 못하니, 드디어 말을 가지고 가며 이르되

　"소인(小人)이 이 말을 사랑하되 스스로 상번하어 서울서 먹이기 어려운 고로 공자의 집에 부탁하였더니, 이제 공자의 잘 먹임을 입어 현황(玄黃, 병들어 쇠약한 말)이 변하여 비택(肥澤, 살찌고 윤택한 말)이 되었으니 불승감격(不勝感激)이로소이다."

　서천령이 일기(日記)하여 두었더니, 그 후에 사는 바(군사와 한 동네에 사는) 시골 사람이 또한(군사가) 장기에 묘한 줄을 알지 못하니, 어찌 기절(奇絶)한 재주 있어도 이름을 감추고 숨어 도망한 자 아니냐?

　　　　　　　　　　　－ 유몽인(柳夢寅) ≪어우야담(於于野談)≫

지엄화상(知嚴和尙)

　종실 서천령(西川令)은 장기를 잘 두었다. 하루는 금강산을 여행하다가 구전암(臼田庵)에 들러 지엄화상(知嚴和尙)을 만났는데,

그 방 안에는 아무것도 없고 다만 장기 주머니 하나가 벽에 걸려 있었다.

"스님도 이 놀이를 즐기십니까?"

"삼십 년 전에는 늘 두었지요."

서천령이 가져다 대국을 하려고 보니 화상 쪽에 包 하나가 없었다.

"아니, 이게 어찌 된 일입니까?"

"소승(小僧)은 평생 包를 하나만 썼습니다."

"나는 온 나라를 통틀어 제일가는 솜씨로 아무도 나와 대적하려 하지 않습니다. 헌데 스님은 包 한 쪽을 떼고 두자 하십니까?"

"어디 한번 시험해 보시지요."

서천령이 세 번 두어 세 번 다 지니, 화상이 크게 웃으며 장기를 거두고 더 두지 않았다. 서천령이 탄식하며 돌아갔다.

— 허균(許筠) 《성옹식소록(惺翁識小錄)》

존경하는 편집장 족하

우선 상번군사(上番軍士) 어떻습니까?

유몽인(柳夢寅)은 이 상번군사를 가리켜 "어찌 기절한 재주 있어도 이름을 감추고 숨어 도망한 자 아니냐?"며 극구 칭찬을 합니다. 아닌 게 아니라 그러네요. 광세에 대적할 이 없는 서천령을 마음대로 주무르니. 게다가 같은 마을 사람도 그가 장기의 명수인 줄을 몰랐다지요? 그러나 이건 아니어요. 그는 자기의 뛰어난 재주를 남을 속이는 데 쓴 사람입니다. 좀 심하게 말하면 사기꾼이어요. 이런 사기꾼에게 사기를 당한 서천령, 부끄러웠을 것입니다.

다음은 지엄화상(知嚴和尙)－.

저는 이 글을 읽으면서 허균(許筠)은 왜 이 글을 썼을까, 잠시 이런 생각을 했습니다. 지엄화상 같은 기인(奇人)도 있다는 것을 드러내려 한 것일까, 아니면 자만(自慢)에 빠진 서천령 같은 사람을 경계하려 한 것일까? 저는 어째 그 무게중심이 후자에 있는 것처럼 느껴집니다. 온 나라를 통틀어 제일가는 솜씨를 자부히는 시천령이 화상과 세 판을 두어 세 판을 다 졌습니다. 그것도 화상은 包 한 쪽을 뗐는데. 물러가는 서천령, 역시 부끄러웠을 것입니다.

이렇게 쓰고 보니 공연히 서천령이 가엾네요.

그러나 다 자추(自招)한 것입니다. 국수(國手)가 어디 보통 자리입니까? 그런 자리에 오른 분이라면 사욕(私慾)을 버리셔야지요. 그 탁월한 재주로 시골 군사의 말이나 탐내셔서야 되겠습니까? 그런 자리에 오르신 분이라면 겸손(謙遜)도 하셔야지요. 자기보다 더 기절한 재주가 언제 어디서 나타날지 모르잖아요? 사욕으로 시야(視野)가 어두워지면, 자만으로 안하(眼下)가 안 보이면, 비단 서천령뿐이겠습니까, 누구든 다 부끄러운 제 모습을 보아야 할 것입니다.

이만 줄입니다. 늘 평화로우시기를.

(2009)

막걸리의 사회사(社會史)

막걸리 붐이 인다. －2010년대
나는, 막걸리 하면 떠오르는 지난날의 몇 장면이 있다.

막걸리와 나그네
가을이다. 하늘 푸르고 바람 서늘히 분다.
벼 베는 들, 내가 어려서 본 그 들은 논임자인 쇠실양반, 그 두 아들, 품앗이 일꾼 서넛, 쇠실댁(쇠실양반 마나님)과 그 두 며느리, 그리고 지나가는 나그네 하나로 구성된다. 아니, 쇠실양반의 어린 손자 두엇이 더 있다. 이 아이들은 논둑길을 달리며 새도 쫓고 달리다가 문득 서서 메뚜기도 잡는다.
어느덧 점심때다. 쇠실댁과 큰며느리가 광주리를 이고 온다. 작은며느리가 술항아리를 이고 따라온다. 일손들이 낫을 놓고 모여든다. 우선 막걸리 한 대접씩 죽 들이킨다. 안주는 매콤한 배추 겉절이, 그리고는 소매로 쓱 입술을 닦는다. 하얀 햅쌀밥에 윤이 자르르 흐른다. 드디어 한 마당의 가을 축제.

아, 저기 나그네가 가네. 누가 손짓을 했나, 그가 다가온다. 쇠실양반 작은아들이 찰찰 넘치게 막걸리 한 대접 떠 준다. 그도 똑같은 음주법, 죽 들이키고는 배추 겉절이 한 잎, 소매로 입술을 쓱 닦고는, 어허 시원하다. 세상 돌아가는 이야기, 어느 마을 아무 댁의 인심 좋은 이야기, 온 들판이 풍요롭다.

다시 낫을 잡는 쇠실양반,

한 대접 먹여 보내는 마음이 들판처럼 넉넉하다. -1940년대

막걸리와 과자봉지, 그리고 구리무

날은 저물고 진눈개비는 여전히 질척거린다.

장충동 고갯길 굴 안, 이 굴은 일제말년 일본 군인들이 파 놓은 것이다. 미공군기들의 폭격이 세찼던 모양이다. 지금은 선술집으로 변했다. 굴 안이라 여름은 시원하고 겨울은 훈훈하다. 투박한 나무탁자 서넛, 그 위엔 김치보시기가 먹음직하다. 상냥한 주모아주머니, 심부름하는 잽싼 아이 한 녀석-.

날이 저물면 지게꾼들이 하나 둘 모여든다. 남의 짐 져다주고 품삯 받는 사람들, 굴 안으로 들어오면 우선 주모 보고 손 한 번 흔들고, 지게 벗어 한 구석에 아무렇게나 뉘어 놓고, 그 다음엔 대망의 막걸리 한 대접에 신 김치 한 조각,

어허 시원하다. 막걸리 한잔에 고달픈 하루가 짜르르 확 풀린다.

이 서방이 들어온다. 만면에 희색이다. 오늘은 운이 좋았다. 쉴 새 없이 일거리가 이어졌다. 과자 한 봉지 사서 지게에 매달았다. 언년이년 줄 것. 구리무도 한 통 사서 주머니에 찔러 넣었다. 여편네 줄 것. 막걸리 한 대접 죽 들이키고는 손으로 주머니 한 번 슬쩍 쳐 본다. 두둑하다. 이만하면, 허허.

한 대접 더 하고 일어서는 이 서방,

인생이 술술 잘 넘어가는 것 같아 어깨가 가볍하다. -1960년대

막걸리와 돼지머리

대형 에어컨이 쉼 없이 돌아간다.

도서출판 바른社 편집실이다. 이 회사는 기획, 편집, 영업, 총무, 다 합해서 직원 여남은의 규모 작은 출판사다. 그러나 매출은 엄청나다. 그래서 그런지 정기 보너스 외에 회사에 무슨 행사가 있으면 꼭 특별 수당을 지급한다. 예컨대 정초 윷놀이 때는 윷놀이 수당, 가을 등반대회 때는 등반 수당 같은.

드디어 고사 준비가 끝났다. 널찍한 상 왼쪽엔 떡 한 시루, 그 오른쪽엔 돼지머리 하나, 오늘은 ≪한국고전문학총서≫

전 120권 중 그 마지막 10권을 세상에 내보내는 날이다. 그러니까 오늘 이 고사는 그 완간을 선포하며 자축하며 천지신명께 고하는 의식이다. 돼지머리 수당 1만 원씩도 이미 지급되었고.

사람 좋은 김 사장이 먼저 10만 원짜리 수표 한 장을 꺼내더니 돼지머리 헤 벌린 입에 쑤셔 넣고는 찰찰 넘치게 막걸리 한 잔을 따른다. 그리고는 넙죽 엎드렸다 일어나서는 그 따른 술을 죽 들이킨다. 어허, 시원하다. 차례로 직원들, 돼지머리 그 헤벌린 입에 千원짜리가 넘쳐난다. 그 돈은 社友會 몫-.

직원들과 함께 얼큰해진 김 사장,

까닭 없이 책이 잘 팔릴 짓 같아 부언지 든든하다. -1970년대

막걸리가 부활하고 있다.

그러나 쇠실양반과 이 서방과 김 사장은 어째 안 보인다.

(2010)

시계(時計)에 관하여

시비(是非)

시간이 좀 더디 갔으면 싶을 때 시계는 째깍째깍 더 빨리 간다.

시간이 좀 빨리 갔으면 싶을 때 시계는 째애깍 째애깍 더 더디 간다.

해서 누가 시계를 보고 말했다.

"너 왜 그러니? 시계는 똑같은 속도로 가는 거야. 이해(利害)에 따라 빨리 가고 더디 가고 하는 것은 사도(邪道)야. 그건 세인의 경멸밖에 받을 게 없어."

시계가 그에게 대답했다.

"뭐라구? 속으로는 빨리 갔으면, 더디 갔으면 하면서 똑같은 속도로 가라니 이게 무슨 모순이니? 나는 한 시간에 꼭 한 시간만 가. 1초도 틀리지 않아. 이런 나를 보고 빨리 간다, 더디 간다 하는 너야말로 사리(私利)에 빠져 정도(正

道)를 잃은 것 아니니? 만인의 존경을 한 몸에 받겠구나, 흥."

세상에는 바르게 제길 가는 사람이 많다. 그런데 그런 사람을 제 입맛대로 시비하는 사람은 더 많다. 입맛대로 시비한다는 말은, 제 입맛에 맞으면 시(是), 안 맞으면 비(非)한다는 뜻이다.

민주주의(民主主義)

우리 집 거실 벽에 괘종시계가 하나 걸려 있다. 소리가 장중하다. 이른 새벽, 나는 뎅 뎅 그 다섯 점 치는 소리를 들으면서 새아침이 오는 것에 잠시 감사를 드린다. 내 책상 위에는 탁상시계가 하나 놓여 있다. 알람도 없는 소박한 디자인, 있어도 없어도 그만인 그저 그런 시계다. 그러나 어쩌다 눈에 띄면 나는 그 쉬지 않고 돌아가는 빨간 초침을 보며 안도(安堵)하는 버릇이 있다. 지금 내가 차고 있는 시계는 하얀 바탕에 봉황(鳳凰, 대통령 휘장)이 그려져 있다. 꼭 10년 전 정년으로 학교를 물러날 때 받은 것이다. 이 시계를 보면, 윗사람에게 별 아부 안 하고 동료들에게 큰 거짓말 안 하고 산 지난날이 고맙게 떠오른다.

나는 이 시계들하고 오래 정이 들었다. 누가 새것으로 바꾸어준다 해도 응할 것 같지 않다. 그런데 유감스럽게도 제대로 맞는 게 한 놈도 없다. 다 제각각이다. 한 달쯤 그냥

내버려두면 제일 빨리 가는 놈과 제일 더디 가는 놈 사이가 3분쯤 벌어진다. 아마 한 서너 달 방치하면 우리 집의 시보질서(時報秩序)는 엉망이 되고 말 것이다. 그러므로 나는 적어도 한 달에 한 번은, 핸드폰을 들여다보며 이 시계들을 맞추어 놓는다. 민주주의는 개성(個性) 또는 다양성(多樣性)은 존중하지만, 그렇다고 혼란(混亂) 또는 무질서(無秩序)까지 허용하지는 않는다.

원칙주의(原則主義)와 아집주의(我執主義)

시계는 대체로 시침, 분침, 초침, 이렇게 세 개의 바늘이 있다. 이 바늘들은 언제나 오른쪽으로 돈다. 그래서 오른쪽으로 도는 것을 시계 방향으로 돈다고 한다. 아니, 오른쪽으로 돈다는 말은 너무 미지근하다. 오른쪽으로만 돈다, 오른쪽으로밖엔 돌지 않는다, 이렇게 말하는 것이 훨씬 더 실감이 난다.

이걸 보고 누가 말했다.

"나는 이 원칙주의가 존경스럽네. 자, 보게나. 어제 한 말 다르고 오늘 한 말 다른 이 무원칙(無原則)이 얼마나 우리의 삶을 혼란케 하는가?"

이 말을 듣고 다른 누가 또 말했다.

"나는 이 아집주의가 한심스럽네. 오늘은 어제가 아닌데 오늘도 어제와 똑같아야 한다니 이 완고(頑固)가 얼마나 우리의 앞길을 가로막는가?"

 원칙주의자는 아집에 빠지기 쉽다. 원칙주의를 아집주의라고 매도하는 사람들은 이미 아집에 빠져 있는 것이다. 양쪽 다 사고(思考)가 좀 더 유연(柔軟)했으면 싶다.

관점(觀點)

 나는 좀 오래 전에 〈분침과 시침〉이라는 제목으로 짧은 글(동수필) 한 편을 쓴 일이 있다. 다음은 그 전문-.

> 어느 날 분침과 시침이 말다툼을 했습니다.
> 분 침 ; "얘, 시침아, 넌 왜 그렇게 게으르니?"
> 시 침 ; "내가 왜 게으르니?"
> 분 침 ; "몰라서 묻니? 난 한 시간에 시계를 한 바퀴나 도는데 넌 겨우 한 발밖에 못 가지 않니?"
> 시 침 ; "얘, 이 가엾은 분침아, 자기가 일 못 하는 것은 모르고 누굴 보고 게으르다는 거니?"
> 분 침 ; "뭐라구? 내가 일을 못 한다구?"
> 시 침 ; "자, 봐라. 난 한 발만 떼어놓아도 한 시간이라는 일을 한단 말이다. 그런데 너는 시계를 한 바퀴씩이나 돌아야 겨우 내 한 걸음의 일밖에 더 하니?"
> 그것 참 누구 말이 옳은지, 원.

 이건 누가 옳고 그른 문제는 아닐 듯하다. 내가 이 글을 쓴 것은, 우리 어린이들이 관점의 차이라는 것이 어떤 것인가, 그런 문제를 좀 생각해 봤으면 해서였다. 그러나 이제 내가 바라는 것은, 나와 다른 관점도 내 관점과 똑같은 자격으로 존재한다는 것을 함께 이해했으면 하는 것이다.

(2010)

효불효(孝不孝)에 관하여

효불효교기(孝不孝橋記)

옛날에, 아주 옛날에 들은 옛날이야기 하나—.

젊은 과수댁이 두 어린 아들을 길렀다. 그 아들들이 잘 자라 소년이 되었다. 언제부터였을까, 다 잠든 한밤이면 과수댁이 소리 안 나게 문을 열고 나갔다. 아들들이 이상해서 뒤를 밟아 봤다. 내 건너 홀아비한테 가서 자고 새벽에 돌아오는 것이다. 이 철든 두 아들은 한밤이건 새벽이건 정신없이 코를 골아댔다.

드디어 겨울이 왔다. 과수댁은 보선을 벗고 그 뼈 시린 냇물을 건넜다. 두 아들이 아무도 모르게 징검다리를 놓았다. 그러나 세상에 비밀은 없는 법, 누가 그걸 알았다. 우물가, 사랑방, 소문이 퍼지고 퍼졌다. 산 어미에게는 효, 죽은 아비에게는 불효, 그래 마을 사람들이 그 다리를 효불효교라고 불렀다 한다.

내가 듣고 말했다.

"녀석들 참 잘했어. 코도 잘 골고 다리도 잘 놓고-. 죽은 아비도 철든 사람이면 잘했다고 할 게야. 아암."

헌연설(獻煙說)

다음은 좀 오래 전에 김 선생에게 들은 이야기-.

우리 아버지 말일세. 젊으실 적부터 하루에 막소주 두 병, 독한 담배 한 갑, 늘 그러셨네. 그러시더니 병이 나셨어. 기침을 심하게 하시는 거야. 그래 모시고 병원엘 갔네. 의사 선생님 말씀이, 술 담배, 특히 담배는 절대로 안 된다는 거야. 아버지는 그날부터, 술은 반주로 딱 한 잔, 담배는 아주 사정없이 끊으셨네.

마나님도 안 계신 우리 아버지, 팔십 노인이 무슨 재미로 사실까? 그런데 어느 비 오는 날이었어. 밖엘 나갔다 들어왔더니 처마 밑에 우두커니 혼자 서서 담배를 피우시네. 나를 보곤 퍽 당황하셨어. 이튿날, 식구들 모르게 연한 담배 한 보루를 사다 방에 넣어 드렸네. 이런 나를 의사 선생님이 알면 야단을 치겠지?

내가 듣고 말했다.

"치겠지. 그런데 혹 고개를 끄덕이며 빙긋 웃는 의사 선생님도 있을지 몰라. 나이 지긋한 분들 중엔 말일세."

차불헌설(茶不獻說)

이것은 언젠가 이 선생에게 들은 이야기—.

제 친정아버지가 커피를 좋아하십니다, 아주요. 다방 커피는 싫어하시고. 그런데 요즈음 건강이 안 좋으셔요. 의사 선생님이 커피를 삼가랍니다. 그래 어머닌 집에 있는 커피를 다 치우시고, 그래도 혹 사다 드실까 봐 감시가 심하셔요. 요 며칠 전에 들렀더니, 죽을병도 아닌데 왜 저러는지, 아버지가 쓸쓸히 이러셔요.

그저께 저녁때여요. 뜻밖에 아버지가 저희 집엘 오셨습니다. 너무 반가워 얼싸안았습니다. 오늘 저녁 무어 해드릴까, 아빠? 아무거나. 그래두? 우선 커피나 한 잔 다구. 순간 제 머릿속이 혼란으로 띵했습니다. 결국 , 그기 해로워, 아빠. 아버진 별 말씀 없이 한참 앉아 계시다가 약속을 깜빡 했다며 일어나셨습니다.

내가 듣고 말했다.

"마나님 피해 커피 한잔 했으면, 그래 찾아오신 건데, 그거 해롭다는 따님의 백번 옳은 말씀, 얼마나 섭섭하셨을까?"

무주론(無酒論)

다음은 내 이야기 한 토막—.

나는 술을 좋아한다. 시원한 막걸리 한 대접 죽 들이키고 시뻘건 고추장에 풋고추 꾹 찍어 으쩍 깨무는 맛, 지글지글

삼겹살 구우며 소주잔들 땡 부딪치는 소리-. 그런데 뇌수술을 받았다. 병원에서 말하기를 술은 딱 두 잔만, 그러나 아내와 아이들은 한 잔도 용납지 않았다. 해서 나는 어쩌다 밖에서나 한두 잔씩 한다.

지난 초복의 일이다. 큰애네 내외가 점심 먹자고 왔다. 그래 따라나섰다. 어느 보양 음식점이었다. 왁자한 초만원, 왕성한 식욕들이 땀을 뻘뻘 흘리고 있었다. 한참을 기다려 자리를 잡았다. 며느리와 아내는 삼계탕, 큰애와 나는 보신탕-. 그런데 큰애는, 저도 술잔깨나 하는 녀석이 고기 맛있다는 말만 늘어놓았다.

그때 나는 큰애가 좀 이랬으면 싶었다.

"아버지, 소주 한잔 하셔야지요. 보신탕엔 소주가 제일입니다. 자, 여기, 딱 두 잔만 드세요. 전 운전 때문에-."*

* 후기 ; 이 글은 네 편의 짧은 글로 되어 있다. 앞 세 편은 끝 한 편을 쓰기 위해서 늘어놓은 것이다. 나는 이 글을 큰애에게 읽힐까 말까 지금 고민 중이다. 여러분의 가르침을 바란다.

(2010)

낙서론(落書論)

낙서는 그리 고상한 취미는 못 된다. 그런데 무슨 생각을 하다가 그게 막히면 나는 버릇처럼 낙서를 한다. 그러노라면 그 막혔던 생각이 확 뚫릴 때가 있다. 그래서 나는 이 고상하지 못한 취미를 못 버리는 모양이다. 다음은 그 몇 예.

전화 이야기
김 선생은 그리운 사람에게 전화를 한다.
이 선생은 필요한 사람에게 전화를 한다.

결국 같은 말인데
박 선생이 퇴원을 했다. 길에서 후배 김 여사를 만났다.
"어머나, 선생님 얼굴이 너무 창백하세요."
박 선생이 말했다.
"아직 회복이 덜 돼서, 흐흠. 자, 그럼 이만 실례해요."

이튿날, 같은 길에서 후배 이 여사를 만났다.
"어머나, 선생님 얼굴이 너무 맑으세요."
박 선생이 말했다.
"맑긴 뭘, 흐흠. 우리 어디 가서 생맥주나 한잔 할까?"
바로 저만치에 호프집이 보였다.

선물에 관하여

김 여사의 친정아버지가 생일을 맞는다. 그래 친구들에게 물었다.
"무슨 선물이 좋겠니?"
박 여사가 먼저 말했다.
"조니워커 블랙 한 병 어때, 양주 좋아하시잖아?"
다음은 이 여사 차례.
"톡톡한 스웨터, 두 분 것 함께 사 드려. 곧 겨울이야."
마지막으로 정 여사.
"봉투로 해. 빳빳한 만 원짜리 찾아다가 도톰하게 넣어 드려. 난 노인네 모시고 산 지 오래거든."

우정론(友情論)

"참다운 우정은 모든 희생을 감수한다."
내가 오랜 세월을 두고 들어온 말이다. 그러나 나는 내 친구를 위하여 모든 희생을 감수하지 못한다. 모든 희생은 고사하고 작은 희생 하나도 감수해 본 일이 없다. 내가 만일 내 친구에게 나를 위하여 모든 희생을 감수하기를 바란다면, 아니 작은 희생 하나라도 감수하기를 바란다면 그도 어느새 나로부터 멀리 떠나 있을 것이다.

첫눈 오는 날이면 함께 걷고 싶은 친구가 있다. 공중전화가 보이면 공연히 다이얼을 돌리고 싶은 친구, 좋은 술 선물 받으면 문득 불러내고 싶은 친구도 있다. 그대가 그런 친구들과(여기서 남친 여친 가리는 것은 촌스러운 짓) 서로 변함없이 그리워하며 살려거든 '참다운 우정'을 말하지 말라. 그건 한낱 허언(虛言)에 지나지 않는다.

"부담스러우면 깨지는 것, 우정도 그런 것이다."

소주와 맥주

"당신은 무슨 술을 좋아하는가?"

주(朱) 선생은 소주를 좋아해 소주만 먹고, 음(陰) 선생은 맥주가 좋아 맥주만 먹는다. 주 선생의 잔이 비면 음 선생이 소주를 따르고, 음 선생의 잔이 비면 주 선생이 맥주를 채운다. 이러기를 벌써 20여 년-.

주 선생은 한 번도 음 선생에게 소주를 권한 일이 없다. 음 선생도 주 선생에게 맥주를 권한 일이 없다. 소주는 왜 좋고 맥주는 왜 나쁘다, 맥주는 왜 좋고 소주는 왜 나쁘다, 그들은 그런 말을 하지 않는다.

"각자 좋아하는 술이 따로 있다는 걸 잘들 아니까."

낙서를 하노라면 막혔던 생각이 확 뚫릴 때가 있다. 이건 참 여간 신통한 게 아니다. 그런데 이제 생각해 보니 설령 그런 소득이 없어도 나는 이 취미를 못 버릴 것 같다. 몰취미한 나에게는 낙서가 그 자체로서 즐거운 작업이니까.

(2010)

시어머니 골난 데는
― 시집살이謠

오늘 좀 무료해서 이책 저책 뒤적이다 보니, 나도 모르게 미소를 머금게 하는 민요 한 편이 눈에 띄었다. 충청북도 남단, 내 고향 영동(永同)에 전하는 노래다. 나는 이 노래를 읽으면서 우리 옛 마을의 어느 며느리를 한참 생각했다.

  시어머니 골난 데는 이(虱) 잡아 주고,
  시아버지 골난 데는 술 받아 주고,
  시누아씨 골난 데는 콩 볶아 주고,
  시동생 골난 데는 엿 사 주고,
  우리 남편 골난 데는 자 주면 되지.
  ― ≪영동군지(永同郡誌)≫

무슨 집안이 온통 이렇게 골만 내는가?
 우선 시어머니부터 보자. 왜 골이 났을까? 며느리 하는 짓이 못마땅해서 저러는가? 며느리는 시침 뚝 떼고 얼레빗 참

빗 갖추어 들고 시어머니 앞에 다가앉는다. 먼저 얼레빗으로 머릿결을 고르고 다음은 참빗으로 촘촘히 빗어 내린다. 보리알 같은 굵은 머릿니가 시어머니의 흰 치마에 툭툭 떨어진다. "아이구, 개운해라." 어느덧 시어머니의 얼굴이 환히 펴진다.

다음은 시아버지. 시아버진 왜 저리 골이 났을까? 이른 아침 물꼬 보러 나갔다가 아랫집 김 영감하고 싸운 속이 아직 덜 풀려서 저러는가? 며느리는 주전자 하나 앞치마 속에 감추고 슬그머니 집을 빠져나간다. 주막은 마을 어귀에 있다. 이윽고 돌아온 며느리가 술상을 차려낸다. 시아버지가 죽 한 잔 든다. "어허, 시원하다." 어느덧 시아버지의 얼굴이 환히 펴진다.

어린 시누아씨(시누이아씨)는 왜 골이 났을까? 건넛집 분이가 새 가죽신 신고 재며 돌아다니는 게 눈꼴사나워서 저러는가? 하지만 가죽신은 너무 비싸. 며느리는 옹솥 아궁이에 불을 지피고 콩을 볶는다. 콩 튀는 소리가 톡톡 난다. 이윽고 마른바가지에 볶은 콩을 담아서 골난 시누아씨 앞에 내민다. "어머, 냄새도 구수해라." 어느덧 시누아씨 얼굴에 웃음이 돈다.

어린 시동생은 왜 또 저리 골이 났을까? 뒷집 언년이하고 싸웠는가? 소 뜯길 게 귀찮아 저러는가? 이럴 땐 골목에서 가위 소리가 들려야 이야기가 되는데. 자, 들렸다 하고—.

며느리는 슬그머니 나가서 흰엿 한 가락을 사다가 어린 시동생에게 쥐어 준다. 시동생이 받아들고는 똑 부러뜨려 입에 넣는다. "흐흥, 워째 이렇게 달댜?" 금방 시동생의 얼굴에 웃음이 돈다.

우리 남편이 골난 까닭은 다 안다. 집안은 온통 골부림이고, 종일 들에서 등골 빠지게 일은 해야 하고, 게다가 살림 한번 나 보기는 애초에 틀렸고. 며느리는 밤을 기다려 그런 우리 남편을 파고든다. 넉넉한 그 가슴, 사위가 고요하다. 이윽고 며느리의 숨소리가 거칠어진다. 그 소리 듣고 안 풀릴 우리 남편 있나? 이런 밤이 없다면 그 뾰족한 비위들을 다 어찌 맞출까?

이 노래의 핵심은 "우리 남편 골난 데는/자 주면 되지."에 있다. 그런데 좀 뒤집어 보면 "나 골난 데는/신랑이 자 주면 되지."로도 읽힌다. 이 노래를 읽노라면 한 지혜로운 며느리 옆에 또 한 사람 열정을 가진 젊은 여인도 보인다.

(2010)

그리운 진이(眞伊) 아가씨

진이 아가씨.

내가요, 대학 1학년 학생들 국어시간에 아가씨의 〈영반월(詠半月, 반달을 읊음)〉을 가르친 일이 있습니다. 우리 다 잘 아는 그 시 — .

뉘라서 곤륜산(崑崙山)의 옥을 다듬어/ 직녀(織女) 아씨
얼레빗을 만드셨나요./ 견우(牽牛) 도령 안타까이 이별한 뒤에/
슬퍼서 던졌네요, 푸른 하늘에.

誰斷崑崙玉, 裁成織女梳.
牽牛一去後, 愁擲碧空虛.
  － ≪韓國女流漢詩選≫

그리고 한 마디 참 진지하게 덧붙였습니다.
"누굴 위해 머릴 빗니, 도령님 가셨는데? 직녀는 옥으로

만든 그 얼레빗을 푸른 하늘에 던져버렸어. 무심히 바라본 저 반달이 직녀의 가슴 아픈 슬픔일 줄이야. 아, 기막힌 시 아니니? 황진이가 살아 있다면 난 은하수도 단번에 뛰어 건너 달려갈 거야."

그러자 한쪽에선 박수 짜그르르, 한쪽에선 웃음 피식피식, 강의실이 갑자기 소란해졌습니다. 그럼 그 박수는 무슨 뜻이었을까? "아니, 우리 꽉 막힌 선생님께 저런 열정이? 아, 기특도 하셔라.", 혹 이런 뜻이었을까? 그럼 그 피식피식은? "흥, 진이 아가씨가 아는 체나 할까봐? 우리 뜬금없는 선생님, 꿈도 야무지셔.", 아마 이런 뜻이었는지도 모릅니다. 그러나 아가씨가 아는 체를 하든 말든 난 그런 건 상관없습니다. 평생 아가씨 짝사랑에 이골이 났으니까요.

나는 전에 아가씨를 생각하며 다음과 같이 쓴 일이 있습니다.

꽃다운 진이는 올해 열일곱.
조용히 소리 내어 선인의 글도 읽고, 휘휘 흠뻑 붓 적셔 꿈결 같은 시도 짓고, 원앙을 수놓으며 등잔도 바라보고, 청포 입은 도련님 그리다가 고개도 숙이고…. 그러던 어느 날이지요. 문밖에 들리는 구슬픈 요령 소리, 진이를 그리다가 애타 죽은 총각의 상여가 움직이질 않네요. 어허, 못 잊어 못 가는 북망산천이라. 시키는 대로 치마 벗어 상여를 덮었지요. 한스러운 총각은 진이의 치마를 덮고 이승을 떠나는데, 요령 소린 어허, 빈 하늘을 울리고.

그리도 날 원했다면 말 한 마디 왜 못 했나? 만나야 이별이지, 만남도 없는 이 이별 보게. 선인의 글은 무엇이며 시는 또 무엇인가? 원앙도 소용없고 청포도 부질없다. 와그르르 무너지는 삼라만상.

— ≪수필공원≫ 1983년 제2호

나는 그날 밤, 아가씨가 멀리 하늘을 우러르며 빈 뜰에 홀로 서 있는 것을 보았습니다. 눈물이 가로막아 총각의 별은 보이지 않고 이승과 저승을 갈라놓듯 은하수만 흘렀지요. 나는 아가씨의 그런 청순(淸純)함을 애타게 사랑하며 살아왔습니다.

아, 그런데 세월이 흘렀습니다. 청산리(靑山裏) 벽계수(碧溪水) 수이 가듯 그렇게 흘렀습니다. 한량들 술상머리에 노래하고, 슬픔에 겨우면 미친 듯 춤추고, 거문고 줄 골라 튕기면 밤하늘에 총총 별 푸르게 뜨고, 못 잊어 못 가던 그 사람 지금 어느 별로 저 하늘에 떠 있을까? 아, 그리운 그 순정(純情) —. 세월이 쉼 없었습니다. 마침내 가고 아니 오는 사람(人傑)을 앓다가 청산에 가 누운 아가씨 —.

아, 저기 선비 하나 오네요. 검은 갓 빗겨 쓰고 흰 도포자락 날리며, 어깨에 턱 멘 건 술병 아녀요? 아가씨 무덤에 한 잔 흩뿌리고 다시 한 잔 따라 들고, 나직이 읊조리는 그 소리 지금도 들려올 듯.

청초(靑草) 우거진 골에 자는다 누웠는다.
홍안(紅顔)은 어디 두고 백골(白骨)만 묻혔는다.
잔 잡아 권할 이 없으니 그를 슬허하노라.

 － ≪청구영언(靑丘永言)≫

 백호(白湖) 임제(林悌) 선생, 나는 한때 아가씨가 좀 늦게 태어났더라면(임제 선생이 좀 일찍 태어났더라면) 하는 생각을 한 일이 있습니다. 그러면 두 분은 같은 시대를 살며 시로써 만났을 것이고, 마침내 그 주고받는 시로 하여 우리 시문학사(詩文學史)는 어느 낭만(浪漫)주의보다도 더 낭만적인 한 장을 기록했을 것입니다.
 진이 아가씨.
 내가 왜 오늘 아가씨에게 이런 글을 쓰는지 나도 잘 모르겠습니다. 내 삶이, 내가 사는 이 시대가 너무 메마르게 산문화(散文化)된 것, 아니 시심(詩心)을 잃은 것, 그리하여 청순도 순정도 낭만도 다 사라져 불모(不毛)의 땅이 된 것, 그것이 서글퍼서일까? 이런 글이나마 쓰고 나면 내 먼지 풀썩이는 가슴이 조금은 촉촉해질 것 같아 그랬는지도 모르겠습니다.
 이만 줄입니다. 안녕히－.

(2010)

우리 김(金)군에게 행운 있기를

"당신, 좋아하는 시 있어?"

나는 유몽인(柳夢寅)의 〈연저고범(烟渚孤帆)〉이 좋더라. 연저(烟渚)는 안개 낀 물가, 하지만 우리는 안개처럼 부슬비 보얗게 내리는 어느 강마을을 생각하자. 앞에는 강 맑게 흐르고 뒤엔 산 푸른 - . 아, 저기 돛단배 떠오네. 한잔 얼큰한 장꾼들 속에 혹 친정 오는 분이도 타고 있을까? 시는 이러하다.

어기여차, 어부들 그물 거두고,
나무꾼들 하나 둘
내려오는데,
바람에 떠 오는 돛단배 하나,
부슬히 비 오는데
뱃노래 머네.

漁子遙收網, 樵夫幾伐枚.

斜陽帆腹飽, 微雨棹歌廻.

- ≪於于集≫

자, 시 속 한번 들여다보자.

우선 아무도 노는 사람이 없다. 어부가 고기를 못 잡고 나무꾼이 나무를 못 하고 사공이 배를 못 몬다면 그들의 삶이 어찌 될까? 고기 잡고 나무해서 버는 돈, 그리고 배 삯 몇 푼 받는 것, 많든 적든 그것으로 해서 그의 아내와 어린것들이 찬비 안 맞고 안 굶주리고 헐벗음 없이 사는 것이다.

이 시 속엔 또 이맛살 찌푸리는 사람, 투정부리고 시비 거는 사람이 없다. 사람이 다 부처님일 수는 없지만 그래도 좀 넉넉해지려 애쓰면, 이맛살 덜 찌푸리고 투정 덜 부리고 시비할 것 좀 참고, 그렇게 살 수도 있을 것이다. 너 때문에 내가 이런다, 이렇게 생각하면 우선 내 마음이 편치 않다.

이 시 속엔 또 멀리 노랫소리도 들린다. 나는 노래를 못한다. 누가 그러는데 내 노래는 작곡자의 의도와 상관없이 음정 박자가 다 자유롭다고 한다. 이런 고약한 찬사를 듣는 나지만 그래도 노래 없는 세상은 상상하기 싫다. 지나치게 산문화(散文化)된 세월, 노래마저 없다면 얼마나 삭막할까?

자, 그럼 우리 이웃집 김(金)군에게로 가 보자.

김군이 이 봄에 대학을 졸업한다. 나는 김군을 초등학교 때부터 아주 잘 안다. 몸 튼튼하고 공부 잘 하고 성품 착하고, 군엘 가서도 최전방에 있었지만 그 부모에게 힘들다는 말 한 마디 하지 않았다. 그런 김군이 지금 취업준비로 밤낮이 없다. 날마다 밤늦게 돌아와 새벽에나 잠깐 눈을 붙인다.

나는 우리 이웃집 이 착한 김군에게 저 고기 잡을 맑은 물이 선뜻 주어지기를 바란다. 나무할 푸른 산이, 배 몰고 다닐 큰 강이 어서 불러주기를 바란다. 나는 김군의 일터가 물이든 산이든 강이든 그 어디이든 김군이 거기서 이맛살 찌푸리고 투정부리고 시비 걸 일이 없기를 바란다.

그리고 한 가지 더 바라는 것. 나는 김군이 노래를 잘 하는지 못 하는지는 잘 모른다. 아니, 그런 건 문제가 아니다. 내가 김군에게 바라는 것은 노래 잘 하는 게 아니고 못 해도 늘 흥얼거리는 것이다. 물론 축 쳐진 가락이 아니고 통통 튀는 가락으로-. 그러면 세상도 즐거워 통통 뛸 것이다.

"이 봄엔 우리 김군에게 행운 있기를!"

(2010)

鷄城君(계성군) 李陽生(이양생)[1]

나는 전에 朝鮮(조선) 成宗(성종) 때의 文臣(문신)인 成俔(성현)의 ≪慵齋叢話(용재총화)≫ 몇 줄을 번역한 일이 있다. 李陽生에 관한 기록이다. 鷄城君은 그의 君號(군호), 이 글에 등장하는 李施愛(이시애)는 朝鮮 世祖(세조) 때 北道(북도)의 수령(守令)을 경관(京官)으로 임명하는 데 불만을 품고 반란을 일으킨 吉州(길주)의 豪族(호족), 壯勇隊(장용대)는 賤人(천인) 출신 위주로 구성되었던 軍(군) 조직의 하나, 그리고 嘉善(가선)은 從二品(종2품)으로 퍽 높은 品階(품계)다. 다음에 보이는 것은 그 번역문을 좀 줄여 옮긴 것이다.

鷄城君 李陽生은 본래 庶孼(서얼)로서 미천한 사람이다. 일찍이 신을 삼아 생계를 꾸렸는데, 壯勇隊에 들어가 李施愛의 亂(난)을 평정하는 데 공을 세워 嘉善에 올랐다. 비록 글은 몰랐으나

---

[1] 漢字(한자)를 노출시킨 것은 청탁자의 청에 따른 것.

착한 성품에 너그러운 도량, 일 처리가 공평했다.

그는 더러 옛 장터를 지나는 일이 있었는데, 혹 미천할 때 사귄 친구를 만나면 반드시 말에서 내려 위로의 말을 나누고 떠났다.[2]

그의 아내는 나의 막내고모 댁의 계집종이었는데 용모가 추하고 나이 들도록 자식이 없었다. 그래 어떤 사람이 그에게 권하여 말했다.

"그대는 큰 공이 있어 벼슬이 宰相(재상)의 반열에 이르렀으나 뒤를 이을 자식이 없다. 어찌 다시 名門(명문)의 딸로 아내를 삼아 아들을 낳으려 하지 않는가?"

그가 대답했다.

"젊어서 貧困(빈곤)을 함께 한 아내를 어찌 하루아침에 버리겠는가? 이는 불가한 일이다. 미천한 사람으로서 良家(양가)의 딸을 아내로 삼는 것도 義(의)를 해치는 것이니 불가한 일이다. 이는 내 嫡兄(적형)이 미약하여 힘을 떨치지 못하니, 그 아들로써 뒤를 잇게 하여 그가 내 공에 힘입어 우리 집안을 크게 일으킴만 같지 못하다."

사람들이 말했다.

"分數(분수)를 아니長者(장자)의 氣稟(기품)이 있다."

이 글을 읽노라면 사람들 붐비는 장터가 보인다. 李陽生이 신 삼아 팔던 그 장터다. 지금 그곳을 嘉善大夫(가선대부) 李陽生이 말을 타고 지난다. 지나다가 문득 멈춘다. 지난날 이

---

2) 옛말에 "가난하고 천할 때 사귄 친구는 잊지 않고 고생을 함께 한 아내는 버리지 않는다(貧賤之交 不可忘, 糟糠之妻不下堂. -《後漢書》, 宋弘傳)."고 했다. 李陽生이야말로 바로 그런 사람이다.

장터에서 함께 신 삼아 팔던 옛 친구를 본 것이다. 황급히 말에서 내린다. 그리고는 嘉善大夫 앞에 허리 굽히며 우물거리는 친구를 얼싸안는다.

"집안은 다 무탈한가?"

그러나 친구는 우물쭈물 말이 없다. 예전처럼 말을 놓자니 무엄하고 깎듯이 높이자니 너무 남남 같고-.

"내가 혹 뭐 도울 일 없는가?"

"아녀, 괜찮아."

그래도 그 친구, 남남 같기는 싫은가 보다.

얼마나 지났을까, 嘉善大夫가 말에 오른다. 생각 같아서는 저기 충줏집에라도 가 삼겹살 구워 놓고 소주 한잔 죽 했으면 싶은데, 그러나 아무리 친구가 좋아도 嘉善大夫가 한낮 장바닥에서 그럴 수는 없는 일이다. 가다가 돌아보고 또 돌아보는 大夫, 그가 시야에서 사라질 때까지 손을 흔들며 서 있는 친구, 어째 좀 짠하다.

이 글을 읽노라면 함부로 범하기 어려운 근엄한 목소리도 들린다. 名門에 장가들라는 누군가의 권유를 점잖게 사절하는 李陽生의 그 목소리-.

"젊어서 貧困을 함께 한 아내를 어찌 하루아침에 버리겠는가? 이는 불가한 일이다."

웬만한 사람 같으면 누가 권유하기 전에 먼저 名門의 딸을 찾았을 것이다. 아내가 그걸 투기하면 七去之惡(칠거지악)에

걸리니 그 문제는 안심해도 좋고-. 아니, 딸 가진 名門에서 먼저 청을 넣었을지도 모른다. 과거야 아무리 미천했어도 현재는 從二品의 높은 벼슬 아닌가?

지금 그는 名門에 장가들라는 그 누군가와 헤어져 돌아오고 있다. 말 걸음이 느리다. 아내의 얼굴이 눈앞에 어른거린다. 남의 집 종살이 하며 구박도 많이 받았을 여편네, 나한테 시집 와 거친 옷 험한 밥에 싫은 소리 한 번 없었어, 추한 용모에 자식마저 없어 어디 대접 한번 제대로 받았는가, 내가 이 여편네를 버리면 벌 받는다. 어느덧 嘉善大夫의 말이 피륙가게 앞에 선다. 없어서가 아니고 있어도 한 벌 더 해 입히고 싶어서 좋은 비단으로 옷 한 감을 끊는 그 손길, 어째 좀 짠하다.

옛글을 읽으면서 상상에 빠져 보는 것은 즐거운 일이다. 헤어지기 섭섭하여 가다가 돌아보고 또 돌아보는 李陽生, 피륙가게 앞에 말 세우고 비단옷 한 감을 끊는 嘉善大夫-. 李陽生을 보내는 그 친구는 미천한 자기를 잊지 않는 게 너무 고마워 콧날이 시큰했을 것이다. 그래서 내 마음이 짠했을까? 비단옷 한 감을 받는 그의 아내는 缺陷(결함) 많은 자기를 버리지 않는 게 너무 고마워 눈물이 났을 것이다. 그래서 내 마음이 짠했는지 모른다.

李陽生이 오늘에 그 이름을 전한 것은 그가 다만 壯勇隊의

용맹스러운 武士(무사)여서 그런 것만은 아닌 듯하다. 친구로 하여금 너무 고마워 콧날이 시큰케 한 사람, 아내에게는 너무 고마워 눈물을 흘리게 한 사람, 그래서 더 그랬을 것이다.

(2010)

山마을의 전설

내 큰댁 동네 이야기

충청북도 남녘 옥천(沃川) 고을에 도내(道川里)라고 있다. 내 큰댁 동네, 몇 집 안 되는 작은 마을이다.

마을 동편은 산이 낮았다. 하늘은 늘 맑고ㅡ. 싱그러운 새 아침을 둥근 해가 거기서 떴다. 들이 있었다. 모가 자라고 수수가 익었다. 안산은 퍽 높았다. 해가 중천에 뜨면 푸른 소나무 숲이 찬란했다. 안산 밑으로는 개울이 흘렀다. 아이들은 개울가에 나뭇짐 세워두고 손으로 그 물 움켜 벌떡벌떡 들이켰다. 서편도 산이 낮았다. 소 몰고 돌아오다 뒤돌아보면 그 위에 저녁놀이 활활 탔다.

남면(南面)어른이라고 있었다. 글은 모르지만 말이 이치에 맞아 힘이 있었다. 타성(他姓)바지도 혼사를 정하거나 땅을 사거나 할 일이 있으면 찾아뵈었다. 그러면 남면어른은 이것 저것 알아보고, 괜찮겠네, 그거 안 하는 게 좋겠네, 했다. 사람들은 그 한 마디를 믿고 따랐다. 남면어른은 늘 살포 짚고 들에 서 있었다. 들일 하는 사람들은 그 어른이 거기 서 있는 것만으로도 든든했다.[1]

가난한 시절이었다. 그래도 담 위로 가을 떡, 제삿밥이 오고갔다. 일손 없는 집 논에 볏단이 그냥 쌓여 있으면 삼돌이, 점돌이를 비롯한 마을 장정들이 저녁을 먹고 나와 지게로 져 날라 주었다.[2] 그러면 그 집에선 밤참으로 국수를 삶고 막걸리를 걸러냈다. 아랫집 본동댁, 윗집 분이가 와서 거들었다. 들엘 나갔다가 빈 지게로 돌아오는 젊은이는 짐 진 노인과 지게를 바꾸어 졌다.

청정한 자연, 미더운 어른, 그리고 풍속은 아름다웠다.
내 큰댁 동네, 한산 얼큰하면 문득 그리울 때가 있다. .

그들은 이야기가 하고 싶었다

사람은 이야기를 하며 산다. 그 이야기는 끊임없어야 한다.
샘가, 사랑방, 장 보고 오는 길, 다 이야기가 끊임없었다.
옛날 그 마을 안산 밑 바위 아래 샘이 하나 있었다. 여름에도 손이 시렸다. 마을 아낙네들이 거기 모였다. 쌀 일고 상추

---

[1] 이 문단은 필자의 ≪한 수필가의 짧은 이야기≫ 소재 〈南面어른〉에서 발췌한 것.
[2] 그때는 볏단을 져 날라다 집에서 탈곡기로 타작을 했다. 일손 없는 집에선 그 져 나르는 일이 여간 힘든 게 아니었다. 이런 작업을 울력이라고 한다.

씻고 물도 긷고-. 그러노라면 이야기꽃이 피었다. 아, 하도 보채서 내주었더니 하룻밤에 글쎄, 밤실댁 시침 뚝 뗀 한 마디에 젊은 아낙네들이 키득거렸다. 거기다 본동양반 셋째 딸 날 받았다는 이야기, 쇠실댁 둘째 며느리 애 섰다는 이야기, 이야기는 끊임없었다.

옛날 그 마을 본동양반네 사랑방엔 장년들이 모였다. 모여서는 새끼 꼬고 신 삼고 가마니도 치고-. 그러노라면 이야기꽃이 피었다. 읍내 그 쇠머리국밥집 여편네 제법 반반하데, 상촌양반 싱긋 웃는 한 마디에 그려 하기도 하고 피씩 웃기도 했다. 그리고는 내달 초사흗날이 삼돌이 아버지 제사라는 이야기, 돼지 한 마리 추렴해서 마을 노인들 대접하자는 이야기, 이야기는 끊임없었다.

옛날 그 마을 사람들은 2십리 읍내 장을 보았다. 5일장, 장꾼은 여남은, 그들은 동편 하늘 번할 때 떠나서 서녘 하늘 벌걸 때 돌아왔다. 아, 이거, 울릉도 호박엿, 우리 할망구 주려고 샀어, 허허. 거나한 상단어른 말씀에, 자알 하셨습니다, 밤실양반이 맞장구를 쳤다. 이어서 첫날밤에 색시 속옷 벗기느라 애먹었다는 쇠실양반, 씨름판에 가 소 몰았다는 도내양반, 이야기는 끊임없었다.

그들은 이 끊임없는 이야기가 하고 싶었다.

하지만 지금은 샘도 사랑도 2십릿길도 없으니 어디 가 할까?

내 외가 동네 이야기

충청북도 남단 永同(영동) 고을에 쇠실(金谷里)이라고 있다. 내 외가 동네, 6·25 전쟁 때 우리는 그리로 피난을 갔다.

그 마을에 우리 농토가 조금 있었다. 그때 나는 중학교 3학년-. 피난 가 며칠 안 된 어느 날이었다. 산에서 나무를 하는데 북쪽 멀리서 포성이 들려왔다. 은은했다. 그 무렵 이장님이 마을을 떠났다. 청년 몇 사람도 함께 떠났다. 안산 밑으로 개울이 흘렀다. 그 개울 따라 길이 나 있었다. 아무렇게나 걸친 군복, 거꾸로 멘 M1소총, 지친 군인들이 몇 사람씩 그 길을 따라 남으로 내려갔다.

어느덧 쿵쿵 포성이 가까워졌다. 제트기가 쌕쌕 날았다. 금방 집 앞에 포탄이 터질 것만 같았다. 마을 뒷산 높은 곳에 큰 굴이 하나 있었다. 나는 어른들을 따라 그 굴에서 하룻밤을 지냈다. 작렬하는 포탄의 굉음, 펑펑 터지는 조명탄, 칠흑 같은 어두운 밤을 전쟁은 그렇게 지나갔다. 이튿날 포성은 멀리 남쪽에서 들려왔다. 그리고 며칠 뒤 이장님 친구 한 분이 인민위원장이 되었다.

날이 가고 달이 갔다. 나는 여전히 산에 가 나무를 했다. 드디어 가을, 추석이 내일모레로 다가왔다. 그 무렵 이상한 소문이 나돌았다. 이 마을 저 마을 마을마다 의용군 간 사람들이 있었다. 그들이 하나씩 둘씩 도망쳐 와 숨어 지낸다는 것이다. 그리고 얼마나 지났을까, 아무렇게나 걸친 군복, 거꾸로 멘 다발총, 지친 군인들이 몇 사람씩 안산 밑 그 길을 따라서 북쪽으로 올라갔다.

전쟁은 소용돌이처럼 그렇게 휩쓸고 지나갔다.

그래도 마을 사람들은 햅쌀로 송편 빚고 차례를 지냈다.

어째서 sin30°가 1/2인가

소년은 낫을 갈아 지게에 꽂고 산으로 들어갔다.

피난살이-, 그 낯설던 산이 이제는 편안했다.

山에 다 오르면 멀리 동편 산 위로 삐죽이 해가 솟았다. 황홀했다. 그 황홀한 빛에 상수리나무 푸른 잎들이 곱게 빛났다. 싱그러웠다. 위를 우러르면 나뭇잎들 사이로 푸른 하늘이 아스라했다. 어지러웠다. 소년은 숨 한번 크게 내쉬고 낫질을 시작했다. 금방 땀이 솟았다. 바람이 살랑 일었다. 푸른 냄새가 났다. 이마가 서늘했다. 때때때, 어디서 산까치가 울었다. 꿩꿩 장끼도 울었다.

시장기가 들 무렵이면 푸나무가 한 짐 되었다. 저 아래로 마을은 보얀 점심연기, 점심은 늘 시커먼 곱삶이였다. 시큼한 열무김치, 시뻘건 고추장, 샘물에 갓 씻어온 풋고추, 소년은 정신없이 퍼먹었다. 천천히 먹어, 어머니가 곁에 앉아 물끄러미 바라보았다. 학교 갈 아이를 나무나 시키다니, 나뭇짐 지고 들어오는 걸 보면 가슴이 미여졌다. 소년은 눈 좀 붙이고는 다시 산으로 갔다.

윗방 한구석에 중학교 3학년 교과서 몇 권이 놓여 있었다. 잉크 냄새도 채 다 가시지 않은 새 책이었다.[3] 도시로 피난 간 아이들은 그 책을 배울 것이었다. 호롱불이 가물거렸다. 소년은 속이 답답했다. 삭신이 쑤셨다. 졸음이 퍼부었다. 그래도 고등학교 갈 욕심에 책을 펼쳤다. 모르는 것 천지였다. 그 중에도 천하에 알 수 없는 것은 3각함수, 어째서 $\sin 30°$가 $1/2$로 돌변하는가?[4]

읽어도 읽어도 알 수 없는 그 수학책을 끌어안고-.

소년은 아무도 모르게 흐느낀 일이 있다.

(2011)

---

[3] 6·25 당시에는 새 학년이 6월에 시작되었다.
[4] $\sin 30°$ 이야기는 필자의 ≪비닐雨傘≫ 소재 〈곱삶이〉에서 이미 말한 바 있다. sin은 3각함수에 있어서 직각삼각형의 한 예각(銳角)의 대변(對邊)과 사변(斜邊)의 비(比)를 말하는데, $\sin 30°$는 그것이 2 : 1, 즉 1/2이다. 수표(數表)가 부록으로 교과서에 붙어 있었는데 나는 그것을 몰랐다.

하늘에 관하여

 땅만 굽어보고 아옹거리며 사는 사람아ㅡ.
 오늘은 포켓용 소주 한 병 찔러 넣고 山 한번 올라 보게나.
 그러면 짙푸른 숲 위로 아스라이 펼쳐진 푸른 하늘이 보일 걸세. 아니, 안 보일지도 몰라. 요즈음은 구름이 많으니까. 그만큼 비도 자주 오고. 게다가 심심하면 안개야. 불청객 황사는 한술 더 뜨고. 그러나 이런 것들은 하늘과 무관한 거야. 자네 구름 위 날아본 일 있지? 하늘은 늘 푸르다네. 그까짓 아랫것들 하찮은 시비에 하늘 그 푸른빛이 변하겠나? 변하면 그건 하늘이 아냐.
 그런데 말일세, 하늘은 푸르기만 하지 않고 늘 비어 있다네. 스스로 비웠기 때문이야. 왜 비웠을까? 맞아, 비우지 않으면 해도 달도 별도 운행할 수 없으니까. 눈비, 안개구름, 천둥번개도 그래. 하늘이 비워주지 않으면 내리지도 흐르지도 치지도 못하는 거야. 그러니 허허, 비웠다, 비웠다 하면서 더 꽉꽉 채운다면 이 세상 어느 누가 그를 보고 하늘이라 하겠는가? 턱도 없는 소리지.

　각설하고. 어느 옥편을 펼치고 하늘天자를 찾아봤더니 至高無上(지고무상)이라고 했더군.[1] 하늘은 지극히 높아 그 위가 없다는 거야. 그럼 사람 사는 세상에선 누가 至高無上일까? 당연히 임금이지. 그런데 참 이상한 일, 자기가 제일 높아 그 위가 없는 임금이 오히려 백성으로써 하늘을 삼았다는 거야(王者以民人爲天－史記).[2] 아, 오늘의 민주정치여, 저 옛 임금들 앞에 부끄럽지 않나?

　부끄러울 거야. 아니, 뭐가 부끄러우냐고, 허허.

　석양이네. 병마개 따게나. 속이 짜르르할 걸세.

(2011)

---

1) ≪淮南子(회남자)≫에 "道(도)는 지극히 높아서 그 위가 없고, 지극히 깊어서 그 아래가 없다(道, 至高無上, 至深無下.)."는 말이 있다. 이 옥편은 道의 높음을 설명한 말을 하늘의 높음을 설명하는 데 원용한 모양.
2) ≪史記(사기)≫에 "임금은 백성으로써 하늘을 삼고, 백성은 밥으로써 하늘을 삼는다(王者以民人爲天, 而民人以食爲天.)."는 말이 있다.

기특도 하여라, 하얀 나비꽃

"자네, 호접란(--蘭) 본 일 있나?"

호접은 한자로 蝴蝶이라고 쓰는데 옥편을 찾아보니까, 나비蝴, 나비蝶이야. 그러니까 꽃 모양이 나비 같다 이거겠지? 호접은 또 胡蝶이라고도 쓴다는데 왜 하늘하늘 저 고운 나비 蝶 앞을 그 험한 오랑캐胡가 가로막는지 모르겠어. 胡가 무슨 다른 뜻으로 쓰인 걸까? 어떻든 나는 이번에 그 호접란이라는 난(蘭)을 처음 봤네.

지난 12월초 어느 추운 날이었어. 거실에 혼자 앉아 한참 축구 삼매에 빠져 있는데(강원 대 전북이던가?), 친구들 만난다며 나갔던 아내가 무슨 풀 같은 걸 한줌 가슴에 품고 들어오는 거야.

"뭐예요, 그게?"

"호접란, 가만있어라, 화분이 어디 있더라?"

호접란? 어디서 들어 본 소리도 같고 처음 듣는 것도 같고, 그때 나는 그 세 음절의 단어가 여간 귀에 설지 않았네. 아니, 다른 난이었어도 마찬가지일 거야. 나는 무슨 이름을 잘 못 외거든. 우리 집에도 난이 몇 분 있지만 하나도 그 이름을 몰라.

아내는 급히 베란다에서 빈 화분 하나를 찾아왔어. 그리고는 지난봄 분갈이하고 남은 잔돌을 채우고 거기다 그 주워 온 호접란을 심는 거야. 다른 화분에 덮인 이끼도 좀 떼어다 덮고, 물도 주고, 한참 바빴지.

"웬 거예요, 샀어요?"

"아녜요. 103동 앞을 지나오는데 이게 버려져 있습디다. 반은 얼었나 봐요. 그냥 두면 죽을 것 같아서 주워 왔어요. 이 추위에 어느 야박한 주인이 버렸는지, 원."

그러면서 아내는 물걸레로 한참 화분을 닦더니 무슨 대단한 일이라도 한 듯 피곤하다며 자기 방으로 들어갔네. 나는 여전히 화면 속의 볼을 쫓고. 게임은 1대1로 싱겁게 끝났어. 그래 텔레비전을 끄고 일어서려는데 아내가 심어 놓은 그 호접란이 눈에 띄더군. 다가가 봤어.

뿌리는 묻혀서 안 보이고 잎사귀만 여섯 잎인데, 허 이게 뭐야, 난이라면 우선 날렵한 그 잎 아닌가? 윤 흐르는 그 푸른 잎. 한데 이건 아니야. 생김새는 쑥개떡처럼 둥글고 두툼하고 빛깔은 칙칙하고, 날렵은 무슨―.

하지만 아내는 아니야. 정성스레 물도 주고 화분도 닦고 한참씩 들여다도 보고. 그리고 한 달쯤, 아내가 이것 보라고 해서 들여다봤더니 잎사귀 사이로 무언가 돋아나 있었어. 좁쌀만 해. 그런 그게 차차 커서 성냥개비처럼 길어지더니 그 중 두 놈은 땅을 향하고 한 놈은 하늘을 향하는 거야. 아내의 말이, 두 놈은 뿌리, 한 놈은 꽃대라는군. 그러나 나는 그저 그러냐 하고 말았네. 그게 뭐 그리 대단할 것도 없고 해서.

그리고 어느 사이 그 성냥개비만 하던 꽃대가 젓가락만큼 컸어. 아내가 또 이거 보라고 그래. 그래 봤더니 거기 연둣빛 녹두알 같은 게 대엿 개나 맺혀 있는 거야. 그게 꽃망울이래. 어느 날이던가 또 아내가 이거 보라고 해서 들여다봤더니 어느 새 물에 불린 굵은 콩만 해진 꽃망울이 조금씩 벌고 있었어. 하얀 꽃빛이 그 벌어진 틈으로 보이더군. 아내는 그게 퍽도 신기했던 모양이야. 내가 맞장구 좀 쳐주었으면 싶었을 거야.

그런데 오늘 밖엘 나갔다 왔더니 아내가 그래. 점심때 자기 친구 몇이 왔는데 무슨 말 끝에 호접란 이야기를 했대. 그랬더니 한 친구가

"난(蘭)이, 저를 품에 품고 온 네 은혜를 아나 보다. 그러니까 반쯤 얼었어도 안 죽고 기어이 살아 저렇게 꽃을 피우는 거 아니니? 보은(報恩)의 꽃이야. 사람보다 나아."

이러더라는 거야.

"그 말을 들으니까 저게 얼마나 기특한지-."

아내는 다소 흥분해 있었어. 그래 나도 다시 들여다보았네. 어쩌면 그 여섯 잎사귀가 그렇게 원만하고 미더울까? 번쩍이지 않는 그 빛깔도 그렇게 순박할 수가 없고.

"자네, 호접란 본 일 있나?"

없으면 우리 집엘 와 보게. 그러면 우리 집 호접란의 가장 덕성스러운 여섯 잎이 자네를 맞이할 걸세. 그리고 머잖아 하얀 꽃들이 흰나비처럼 하늘을 날아 보은의 군무(群舞)를 추어 보일 걸세. 원만과 미더움과 순박의 하늘에 하얀 군무, 얼마나 현란힐까? 아, 기특도 하여라, 우리 하얀 나비꽃.

막걸리 두어 병 사다가 냉장고에 넣어 두겠네.

(2011)

현관, 마루, 서재, 그리고 부엌

우선 현관

우리 집 현관엔 늘 지팡이 한 세트(두 자루)가 놓여 있다. 등산용이다. 아내는 한 주에 네댓 번 山을 오른다. 위험한 山, 딸아이가 짚고 다니라며 사다 준 것이다. 아내는 한 손에 한 자루씩 짚고 山을 오르내린다. 안전하단다. 그 후 나도 함께 山을 가게 되었다. 아내가 한 자루를 짚으라고 주었다. 지팡이는 무슨, 해서 나는 받지 않았다. 그런데 그날, 좀 높은 데서 내려오다가 내 몸을 주체하지 못하고 그만 꼬꾸라질 뻔 했다. 아내가 황급히 다가와 지팡이 한 자루를 들려주었다. 퍽 든든했다.

내 나이 내일모레면 팔십이다. 팔십이면 아무리 발버둥을 쳐도 늙은이다. 山에서는 젊은이도 마다 않는 지팡이를 팔십 늙은이가 무슨 고집으로 안 받았는가? 아직은 괜찮다고 생각했나? 짚을 나이면 짚어라. 그거 허세다, 착각이다, 어서 꿈 깨.

우리 집 현관엔 신발장도 하나 놓여 있다. 둘이 사는 33평짜리(실평은 27평이라던가?) 작은 아파트, 그러니 신발장인들 얼마나 크랴. 하지만 작다고 무시하면 안 된다. 이 안엔 내 구두, 등산화, 운동화가 몇 켤렌지 모른다. 내 아내는 구두, 등산화 외에 겨울용 부츠, 언제 신었는지 분홍 고무신까지 있다. 그러나 유감스럽게도 그 반은 못 신는 것들이다. 접이 우산도 넉넉히 네댓 개는 되는데 그 중 두어 개나 쓸까? 왜 우리 내외는 그 못쓰는 것들을 못 버릴까? 손때가 묻어서, 아까워서?

지금 내 머릿속이 바로 이 신발장이다. 언제 어디서 익혔는지, 지식이라는 이름의 잡동사니로 꽉 차 있다. 체계도 없다. 그나마 낡아 못 쓸 것이 9할이다. 그런데도 못 버리고 나는 이것들에 매달려 산다. 그러니 새 지식은 들어와 앉을 데가 없다.

우리 집 현관 신발장 위에 키 한 뼘, 지름 한 뼘쯤 되는 작은 항아리가 하나 놓여 있다. 고동색 바탕에 강처럼 흐르는 노란 무늬, 은은하다. 손가락으로 튕기면 탱 소리가 난다. 통랑하다. 앉음새가 반듯하다. 품위가 있다. 내가 젊어서 고등학교 교사를 할 때 어느 미대 여학생이 내게 와 교생실습을 한 일이 있다(교과지도는 미술교사에게, 내게는 학급경영). 그가 실습을 마치고 돌아갈 때 자기가 빚은 거라며 주고 간 것이다. 은은, 통랑, 품위, 그래 나는 이 항아리를 늘 가까이 놓아두고 본다.

내가 글이랍시고 써온 게 40여년이다. 그러나 여운 은은한 글 한 편을 못 썼다. 통랑? 통랑은 고사하고 둔탁한 글도 제대로 못 썼다. 품위는 언감생심, 경박이나 면했으면 싶다. 40여년을 써 온 내 글이 어쩌다 미대 여학생의 습작만도 못할까?

다음은 마루

우리 집 마루(거실이라는 말은 너무 거창하니까)에 장의자가 하나 놓여 있다. 누우면 내 키하고 딱 맞는 길이다. 의자는 본래 앉으라고 만든 물건이지만 나는 그 본의를 무시하고 거기 눕기를 즐긴다. 누우면 그렇게 편안할 수가 없다. 나는 이 의자에 누워 책을 읽는다. 새로 배달된 잡지, 친구가 보내준 저서, 그런 책들이다. 그러다가 흔히 오수삼매(午睡三昧)에 빠지곤 한다. 이건 그 글 임자 여러분에겐 말할 수 없는 결례지만, 아 오수삼매, 그 향락(享樂)은 천만금(千萬金)을 주어도 아까울 게 없다.

내가 책을 읽다가 오수에 빠질 수 있는 것은 스스로 무한히 자유롭기 때문이다. 나는 60년 전 대학생이다. 지금 그 책 읽고 리포트 낼 일이 없다. 나는 정년 12년차의 전직 교수다. 그 책 읽고 논문 쓸 일도 없다. 스르르 감기면 스르르 감을 뿐.

이 의자 맞은편 벽에 텔레비전 한 대가 걸려 있다. 우리가 이 아파트로 이사를 올 때 막내가 사다 걸어 준 것이다. 우리는 그때까지 앉은뱅이 텔레비전을 보았다. 내가 제일 즐겨 보는 것은 그때나 지금이나 축구경기다. 앉은뱅이 시절엔 박종환, 차범근, 이런 감독들에게 매료되었었다. 지금은 홍명보(올림픽 팀), 최강희(월드컵 팀) 감독들의 성공을 빌며 그 경기를 본다. 박지성의 저돌적인 대시, 기성용의 롱슛도 나는 잊지 못한다. 그 경기를 보노라면 문득 고등학교 시절이 떠오르곤 한다.

나는 고등학교 때 축구를 했다. 포지션은 라이트이너 또는 라이트윙, 공 자고 돌아오다 바라본 서녘 하늘엔 저녁놀이 붉게 타고 있었다. 그립다. 그 운동장을 떠난 지 어언 60년, 함께 공 차던 그 녀석들도 저녁놀 활활 타던 그 하늘이 그리울까?

우리 집 마루에서 서면 화장실도 하나 보인다. 내가 아침에 일어나 제일 먼저 찾는 곳이다. 이곳도 여느 화장실처럼 세면대 위에 거울이 하나 걸려 있다. 그런데 세수를 하노라면 그 거울에 늙은이 하나가 보인다. 그 얼굴을 보면 나는 매번 참 이상하게 섭섭해지는데 왜 그런지는 잘 모르겠다. 혹 고아(古雅)하게 나이든 노인의 자애(慈愛)가 아니고 아직도 쓸데없는 노욕(老慾)으로 굳어진 얼굴이어서 그럴까? 비누질을 하고 수건으로 닦고 로션도 바르고 하지만 그 얼굴은 호전되질 않는다.

리포트 낼 일도 논문 쓸 일도 없게 된 것은 섭섭한 일이다. 제 공 차던 운동장 다 내주고 그리움에 잠기는 것은 가여운 일이다. 그러나 어쩔 수가 없다. 나는 그저, 자애까지는 바랄 수 없지만 노욕이나 면하고 살았으면 싶다. 이것도 노욕일까?

그 다음은 서재

내 책상 위에 컴퓨터 한 대가 놓여 있다. 10여 년 전 정년을 맞았을 때 큰애가 사다 놓아 준 것이다. 학교에서는 수시로 컴퓨터 강습이 있었지만 나는 기계치(痴), 엄두가 안 나 못 배우고 만년필로 글을 썼다. 후배 교수들이 그저 쉬우니 배우세요, 하면, 혼(魂)이 깃든 글은 육필(肉筆)에서 나온다네, 했다. 그런데 내가 정년을 했을 때 참 이상한 일이 벌어졌다. 잡지사든 출판사든 원고는 꼭 e메일로 보내라는 것이다. 하는 수 없이 초등학교 4학년 어린 손자 녀석에게 특별 과외를 며칠 받았다.

나는 지금 이 컴퓨터로 글을 쓴다. 한자(漢字)도 무제한으로 쓸 수 있다. 나는 또 이 컴퓨터로 친구들에게 편지를 쓴다. 써서 보내기 한번 톡 치면 출판사든 잡지사든, 봉천동이든 워싱턴이든 한 순간에 가 닿는다. 시공간 개념이 없다.

신기하다.

내 책상엔 라디오도 한 대 놓여 있다. 언제 어디서 샀는지는 생각나지 않는다. 나는 이 라디오로 음악을 듣는다. 내 아내는 핸드폰으로 KBS 라디오의 Good morning Pops를 듣는다. 나는 옛날 라디오로 조남사의 ≪青실紅실≫, 한운사의 ≪현해탄(玄海灘)은 알고 있다≫, 이런 방송극을 들으며 마음을 졸인 일이 있다. 그러다가 텔레비전이 나왔다. 이제 라디오는 끝났구나, 그때 나는 이렇게 생각했다. 그러나 라디오는 텔레비전에 밀리지 않고 오늘도 건재, 그 생명력을 과시하고 있다.

왜 라디오는 텔레비전에 밀리지 않을까? 당연히 텔레비전이 따를 수 없는 장점이 있기 때문이다. 가령 한밤에 음악을 들으며 명상에 잠기려고 할 때, 그것이 텔레비전으로도 가능할까? 나는 라디오가 텔레비전에 밀리지 않는 것이 참 신통하다.

내 책상 곁엔 서가도 하나 서 있다. 책 몇 권 안 되는 빈약한 서가다. 그 빈약한 서가나마 통독이라도 한 책이 몇 권이나 될까? 머리말이나 겨우 읽은 책, 읽다 말다 한 책, 여기저기 몇 줄 읽고는 다 읽은 것으로 착각하는 책, 이런 책이 수두룩하다. 그러니 책이 많으면 무얼 하는가? 읽지 않으면 쓸데없는 짐인데. 나는 지난 몇 년 사이 한 2천 권을 학교, 도서관, 병원 등에 기증했다. 읽지도 않으면서 붙잡아두는 것이 그 저자들에게 너무 미안해서였다. 섭섭은 하면서도 개운한 느낌이었다.

빈약한 내 서가, 그래도 황진이(黃眞伊)의 〈상사몽(相思夢)〉, 임제(林悌)의 〈전동군서(餞東君序)〉가 있다. 주돈이(周敦頤)의 〈애련설(愛蓮說)〉, 쉘리(Shelley)의 〈굿나잇(Good night)〉도 있다. 빈약한 대로 이런 글을 간직한 내 서가가 나는 대견하다.

끝으로 부엌

우리 집은 작은 아파트다. 작은 아파트라 부엌도 작다. 작은 부엌엔 큰 물건이 못 들어간다. 그래 작은 항아리 하나를 놓았다. 쌀 항아리다. 이 항아리는 늘 가득 차 있다. 일제말년, 그즈음 우리 집의 쌀독은 늘 텅 비어 있었다. 쌀은 일본이 다 공출해 가고 열흘에 한 번, 식구 수 따라 몇 됫박씩 배급을 주었다. 나중엔 그것도 어려웠던지 콩깻묵으로 바뀌었다. 물어서 먹을 수 없는 것이었다. 배가 고팠다. 그때 어머니는 어디서 조, 수수, 보리쌀 같은 것을 구해 작은 자루에 담아 이고 오셨다.

무엇을 주고 구하셨을까? 어머니는 가진 게 없으셨다. 가벼운 은비녀, 실낱같은 금반지, 혹 이런 것이었을까? 지금 우리 집의 가득 찬 쌀 항아리를 보노라면, 늘 비어 있던 옛날 우리 집 그 쌀독, 그리고 어머니의 작은 자루 하나가 눈에 어린다.

　우리 집 작은 부엌엔 전기밥솥도 하나 놓여 있다. 솥이긴 하지만 아궁이는 없다. 나는 중학교 3학년 때 산골로 피난을 갔다. 그리고 그 마을 아이들과 어울려 나무를 다녔다. 우리가 살던 집은 아궁이가 둘이었다. 어머니는 거기 불을 때 밥을 지으셨다. 내가 푸나무를 한 짐 해다 마당에 널고 나면 아무 말씀 없이 점심을 차려 주셨다. 시커먼 곱삶이, 시큼한 열무김치, 시뻘건 고추장, 나는 마구 비벼서 미친놈처럼 퍼먹었다. 학교 갈 아이를 나무나 시키다니, 어머니는 늘 눈물을 글썽이셨다.

　언제던가, 아내가 e마트에서 열무김치 한 통을 사 왔었다. 그때 나는, 피난 가 나무하던 시절의 그 열무김치, 그 곱삶이와 고추장, 그리고 미친놈처럼 퍼먹던 한 딱한 아이가 떠올랐었다. 그 배경엔 눈물 글썽이시던 내 어머니가 가까이 어리고.

　우리 집 작은 부엌엔 식탁도 하나 놓여 있다. 옛날, 어머니는 멀리 기차를 타고 서울 우리 집엘 자주 오셨다. 오시면 부엌의 쌀통도 열어 보고 지하실의 연탄도 세어 보셨다. 아이들 보고는, 해찰하지 말고 공부 잘 해라, 애비가 등록금 대느라 얼마나 힘든지 아니, 하셨다. 내가 어렵게 살까봐, 아이들이 잘못 될까봐 늘 노심초사하셨다. 식탁에 앉으면 우선 기도부터 드리셨다. 우리도 따라 손 모으고 눈을 감았다. 가장 경건한 시간이었다. 기도의 주제는 언제나 우리와 우리 아이들의 무사였다.

내가 부실하게나마 이웃에게 크게 버림받지 않고 살아온 것, 버림받지 않고 살아가는 것, 이것은 다 어머니의 그 기도 덕일 것이다. 어머니는 지금도 하늘에서 기도를 하고 계실 것이다. 식탁에 앉으면 문득 어머니의 그 기도 소리가 들리곤 한다.

(2012)

산(山), 그리고 내(川)

산(山)

땔 게 없다. 땔 것 없는 마을사람들, 지게에 낫 꽂고 山엘 간다. 도끼, 갈퀴도 동원된다. 마구 나무를 쳐 온다. 솔가리도 나 긁어 온다. 그러면서도 묘목 한 그루 심지 않는다. 山이 벌겋게 맨살을 드러낸다. 도토리 한 톨 구경할 수가 없다. 다람쥐, 청솔모가 자취를 감췄다. 꿩 한 마리 울지 않는다. 비가 오면 토사가 흘러내린다. 흘러내린 토사가 물 흐르는 골을 메운다. 피라미 한 마리 살 수가 없다.

마을사람들은 어느 날 문득 정신이 들었다. 이건 아니다. 젊은 이장(里長)이 앞장을 섰다. 청장(靑壯), 중로(中老)들이 뒤를 따랐다. 우선 읍내 연탄공장과 계약을 맺었다. 새 땔감이 차질 없이 공급되었다. 그리고 나무를 심었다. 벚나무, 상수리나무, 산밤나무, 소나무, 잣나무 - . 냇물을 메운 토사도 다 걷어냈다. 나무 심는 날, 토사 치우는 날은 부녀회에서 밥 짓고 막걸리를 걸렀다. 한 마당의 축제였다.

어느덧 강산이 한 번 변했다. 이제 山은 도토리, 산밤이 지천이다. 잣송이도 소담스럽다. 다람쥐, 청솔모가 종일 기분 좋게 바쁘다. 어디서 꿩꿩 꿩이 운다. 우렁차다. 물 맑은 냇물엔 피라미가 잽싸다. 게으른 모래무지, 엉큼한 메기는 한가롭고. 진흙 속 미꾸라지는 통이 굵다. 주말이면 멀리 등산객들이 찾아온다. "야호!" 소리가 끊임없이 山을 울린다. 구멍가게 매상이 부쩍 늘었다. 가게 인심이 후하다.

아, 저기, 누가 물고기를 잡는다. 마을 청년 서넛이다. 가보자. 통발에 통 굵은 미꾸라지가 우글거린다.

"웬 미꾸라지예요?"
"아, 예. 식목행사도 무사히 끝나고 해서, 저녁때 추어탕 끓여서 마을 어르신네 대접하고 우리도 이장님 모시고 막걸리 한잔 할까 하고요. 다섯시, 마을회관이어요. 꼭 오셔서 같이 한잔 하세요."

그날 나는 막걸리 두어 잔에 추어탕 한 그릇 잘 얻어먹고, 기분 좋게 버스를 탔다. 돌아오면서 몇 번씩 그 마을을 돌아보았다.

"저 山과 내여, 영원히 살아 있으라!"

내(川)

작은 읍내 한복판을 길게 냇물이 흘렀다. 물이 맑았다. 물속 자갈들이 환히 다 들여다보였다. 아낙네들은 그 물가에 앉아 빨래를 했다. 방망이 소리, 웃음소리, 이야기 소리에 날이 저물었다. 남정네들은 그 물에 낚시를 던졌다. 시뻘건 고추장에 막걸리 몇 병도 놓여 있었다. 한잔하는 그들도 웃음소리, 이야기 소리가 끊임없었다.

 한여름, 꼬마들은 그 냇물로 달려갔다. 달려가서는 옷 벗어 자갈밭에 던지고 물속으로 뛰어들었다. 뛰어들어서는 물장구치며 깔깔거리고 손바닥 딱딱 피라미도 쫓았다. 그러다 보면 먹구름이 모여들기도 했다. 다음 순간 후두두둑, 어라 소나기다. 녀석들은 자갈밭에 벗어 던졌던 옷을 그러안고 냇가 느티나무 아래로 뛰었다.
 그 아래 앉으면 저 건너 안산에 박힌 검은 바위들이 보였다.
 "몇 개야? 다섯 개지? 저게 옛날 장수들이 공기 놀던 거래."
 "정말 그렇게 힘이 셌을까?"
 "그럼, 옛날이야긴 다 참말이야."
 수없이 하고 한 이야기, 장수들이 공기 받는 것 좀 보았으면 —.
 한겨울에도 꼬마들은 그 냇물로 달려갔다. 썰매 든 놈, 팽이 든 놈, 어느새 꽁꽁 언 냇물이 꼬마들로 가득 찬다. 썰매가 달린다. 팽이가 돈다. 미끄러지면 어때? 씽씽, 팽팽 모두 신이 난다. 그런데 어느 날, 서울 가서 중학교 다니는 동네 형이 이상한 신을 신고 나타났다. 구두에 칼이 달렸다. 형은 제비 날 듯 얼음 위를 날았다.
 꼬마들은 우두커니 앉고 서서 넋을 잃었다.
 "저게 칼 뭐라던데, 뭐지? 맞아, 칼 스케이트라는 거야."
 "칼 스케이트? 서울에선 다 저걸 타나?"
 "몰라. 가 봤어야 알지."
 서울이 어떤 곳일까, 한번 가보았으면-.

 그 후 나는 서울로 대학공부를 와 한강을 처음 보았다. 참 엄청났다. 그 엄청난 물을 헤엄쳐 건너는 젊은이도 많았다. 그러나 방망이 소리는 들리지 않았다. 웃음소리, 이야기 소리도 들을 수 없었다. 서울 꼬마들은 장수 이야기를 몰랐다. 가보고 싶은 곳은 있었을까? 너무 낯설었다. 지금도 나는 한강이 어느 먼 나라의 강만 같다.

(2012)

어느 겨울밤
- 소시민(小市民)의 설야(雪夜)
  또는 그들의 술과 시와 노래에 관한 단상

겨울이다. 좀 이른 밤, 털모자 하나 눌러쓰고 집을 나선다. 거리 구경, 하늘이 어둑하다. 날은 포근하고-.

우선 종로로 가자. 가로등, 헤드라이트, 즐비한 노점들, 사람들의 물결이 길게 인다. 서로 부딪친다. 아, 미안. 저기, 긴 인파 속을 그와 그녀가 온다. 길이 알맞게 어둡다. 그녀가 그의 팔짱을 끼었다. 나직이 도란거린다. 무슨 이야기일까? 그건 아름다운 비밀. 그녀의 손에 들린 군밤 한 봉지가 아직 따끈하다.

어, 눈이 오네. 한 송이, 두 송이, 어느새 함박눈이다. 그의 검정 베레모 위에, 그녀의 하얀 스카프 위에 나비처럼 사뿐 흰 눈이 내린다. 그녀가 조용히 읊는다.

"어느 머언 곳의 그리운 소식이기에-."

그가 나직이 받는다.

"이 한밤 소리 없이 흩날리느뇨."

그녀의 눈웃음 위로, 그의 미소 위로도 사뿐 흰 눈이 내린다, 평화처럼, 행복처럼 그렇게-. 저기 호프집 있네, 들렀다 갈까? 응.

"여기 500cc 하나, 300cc 하나."

그가 주문을 한다. 안주는 땅콩 한 줌, 그리고 따끈한 그 군밤.

자, 땡 하자. 군밤 한 봉지, 생맥주 한 잔으로 그들은 행복하다.

눈은 계속 퍼붓는데-. 다음은 정부종합청사 후문 욕쟁이 할머니네 순댓집, 늘 만원이다. 드럼통 난로에 장작불이 후드득거린다. 저기, 대여섯 명이 둘러앉아 껄껄거리며 소주잔들 땡, 할머니의 걸쭉한 욕지거리에 쟁반 수북이 썰어놓은 순대, 돼지머리고기가 푸짐하다. 물으나마나 종합청사 젊은 공무원들, 그들은 늘 퇴근이 늦다. 한 친구가 한 잔 죽 하고 읊는다.

"희미한 눈발/ 이는 어느 잃어진 추억(追憶)의 조각이기에-."

마주앉은 친구가 지그시 눈 감고 잇는다.

"싸늘한 추회(追悔) 이리 가쁘게 설레이느뇨."

김광균에서 시작한 이름이 어느새 한용운, 이백, 하이네, 쉘리로 이어진다. 이번엔 관창(官昌)을 살려 보낸 계백(階伯)의 휴머니즘, 삼고초려를 마다 않은 유비(劉備)의 정성, 3선을 거부한 조지워싱턴의 민주주의, 한참 시끄럽더니 갑자기 논쟁이다. 성선설(性善說)이 맞는 거야. 이태석 신부 좀 보라구. 허, 그럼 카타피는 어쩌구?

　바야흐로 인문학의 대향연이다. 다들 대학 때로 다시 돌아간 듯.

　그들, 소주 한잔, 순대 한 조각으로 종일 썩인 머리가 산뜻갠다.

　어라, 벌써 한밤이네. 눈은 그칠 줄을 모르고-. 자, 한군데 더 들르자. 우리 동네 버스종점 기사식당. 지금 돼지고기김치찌개가 자글자글 끓고 있다. 예순 안팎 기사님 셋은 벌써 불콰하고. 막걸리 한 주전자가 또 금방 바닥이 난다. 내가 묻는다.

　"연세들도 있으신데 이렇게 늦게까지, 힘들지 않으세요?"

　제일 위로 보이는 기사님이 대답한다.

　"힘들지요. 그런데 놀아 보닝개 난 노능 게 더 힘듭디다, 허허."

　둘째가 말을 잇는다.

　"사람은 어쨌거나 일이 있어야 해요. 일이 있으면 돈 벌어

좋고, 돈 벌면 애들한테 손 안 벌려 좋고, 뭣보다도 마누라 눈치 안 봐서 좋고, 허허."
다음은 셋째.
"일 끝나면 이렇게 모여앉아 한잔하니 이것도 좋지예. 한 송이 눈을 봐도 고향 눈이요, 짜자작작. 자, 뉘신지 모르지만 함께 한잔 하입시다, 허허."
그가 따른다. 잔이 찰찰 넘친다. 어허, 시원하다.
막걸리 한 잔, 돼지고기 한 점으로 그들, 지친 어깨가 날 듯하다.

어, 얼큰하네. 그만 돌아가자. 두 송이 눈을 봐도 고향 눈일세―.
술 한 잔에 시 한 수, 노래 한 가락이면 추운 겨울도 괜찮아, 허허.

(2012)

부부론(夫婦論)

누가 내게 말했다.
"부부론이라, 그러니까 부부를 논한다 이 말인데, 허허. 그거 아무나 논하는 게 아니어. 내일모레면 팔십인 나도 모르는 걸 자네가 무슨 수로 알고 논해?"
그러나 아니다. 들은풍월이라는 말도 있다.

어느 봄날

분이가 날을 받았다. 쇠실(金谷) 온 동네에 소문이 파다했다. 신랑은 아랫마을 삼돌이란다. 분이는 밤마다 잠을 설쳤다. 처음 들어보는 이름, 어떻게 생겼을까, 먼 한밭(大田)으로 속아 간 냉이처럼 애 둘 딸린 중늙은이는 아닐까(실은, 냉이는 속아 간 게 아니고 팔려 간 것이다.), 순간순간 가슴도 뛰고 한숨도 나왔다.
드디어 초례청에 섰다. 애 어른 할 것 없이 마을 사람들이다 모였다. 볕이 따뜻했다. 분이는 고개를 숙인 채 흘깃 신랑을 보았다. 봄볕에 환한 사모관대, 훤칠한 키, 짙은 눈썹, 분명히 중늙은이는 아니었다. 후유, 콩콩 가슴이 뛰었다.

이윽고 첫날밤, 불을 밝혔다. 시간이 흘렀다. 문구멍 쏙쏙 뚫고 들여다보던 처녀애들도 다 돌아갔다. 삼돌이가 비로소 족두리를 벗긴다. 분이의 가슴이 와들와들 떨린다. 삼돌이의 손도 덜덜 떨린다. 불을 끈다. 어둠이 칠흑 같다. 아야야, 앙탈하는 분이, 삼돌이의 억센 팔, 그 거친 숨소리에 숨이 막힌다. 날이 밝았다. 분이는 거의 알몸, 베고 누운 삼돌이의 팔이 그지없이 미덥다. 이이가 내 신랑이여? 잘도 생겼네. 삼돌이가 분이를 꼭 안으며 나직이 말했다.

"이 좋은 인연, 우리 한번 잘 살아 봐."

분이는 가만히 고개를 끄덕였다.

―그려, 꼭 안아주고 고개 끄덕이고, 그러는 게 부부여.

어느 여름날

새댁을 보고 이름을 불러 어째 좀 미안하다. 분이, 어린 걸 등에 업고 땡볕에 텃밭 매다 돌아와 서둘러 밥을 짓는다. 다 됐다. 시커먼 곱삶이 꾹꾹 눌러 고봉, 시큼한 열무김치, 독 오른 풋고추, 시뻘건 고추장, 드디어 점심광주리를 이고 집을 나선다. 한 손엔 막걸리 한 주전자, 어린 게 등에서 칭얼거린다.

애아범을 보고 이름을 불러 이것도 좀 미안하다. 삼돌이, 이랴, 쯧쯧쯧, 땡볕 아래 소 몰고 콩밭을 탄다. 이놈의 사래는 왜 이리 길어? 소나기라도 한 줄금 퍼부었으면 싶은데 하늘에 구름 한 점이 없다. 밭가 감나무 잎은 미동도 않고 돌무더기 호박잎은 축 축 늘어진다. 분이가 감나무 그늘에 점심 광주리를 내려놓는다.

그리곤 막걸리 한 대접 찰찰 넘치게 따르고 삼돌이를 본다.

쇠털같이 많은 날, 우리 먹여 살리느라고-.

삼돌이도 한 대접 죽 들이키고는 분이를 본다.

나한테 시집 와서 고생만 잔뜩 하고-.

독 오른 풋고추 시뻘건 고추장 꾹 찍어 으쩍 깨물던 삼돌이, 분이의 삼베적삼 벌어진 새로 하얗게 드러나는 젖가슴, 그 옴폭 패인 골을 바라보곤 빙긋 웃는다. 분이는 무언지 화끈해 삼돌이를 바라보다간 얼른 옷깃을 여미곤 부끄럽게 웃고.

-그려, 서로 딱하게 여기며 사는 게 그게 부부여.

어느 가을날

이젠 분이, 삼돌이, 이렇게 부르지 말자. 며느리, 사위 다 본 쇠실댁, 쇠실양반 아닌가? 오늘은 읍내 장 구경이다. 시오리, 야산 하나 넘고 다리 한 번 건너면 읍내다. 하얀 무명치마저고리, 하얀 무명두루마기, 다 쇠실댁이 베틀 짤각거려

짠 것이다. 어느새 산에 단풍이 곱다. 장꾼들이 앞서거니 뒤서거니 두런거리며 간다.

"아, 얼른 좀 못 따라와?"

"좀 천천히 가요. 다리 떨어지겠네."

그 금실 좋던 쇠실댁, 쇠실양반, 이 가을 들어서면서 어째 이렇게 토닥일까? 짓궂은 젊은 장꾼 한 녀석이 히죽거리며 다가선다.

"쇠실어른, 그만 싸우시고 첫날밤 얘기나 좀 하세요."

쇠실양반, 침 한번 탁 뱉고는 허허 웃는다.

"첫날밤은 무슨, 어떻게 앙탈을 부리는지 내가 등에 땀이 났어. 세상에 웬 힘이 그렇게 세어, 여자가, 허허."

쇠실댁이 눈을 치뜬다.

"이 양반이 정말 왜 이래, 젊은이들 듣는 데서?"

장엘 가면 마음부터 풍성해진다. 쇠실양반은 마나님과 또 토닥이며 장 구경을 하고, 구경을 하다가 절인 고등어 한 손, 석유 한 병도 받았다. 그리고 함께 국말이밥집엘 들어갔다. 척척 늘어진 왕파, 쫄깃한 쇠고기 조각, 거기다 얼큰한 국물 하며, 쇠실댁도 쇠실양반도 국말이밥은 늘 좋다.

아직 점심때가 덜 되어서 그런지 한산하다. 저쪽 한구석이 눈에 띈다. 남녀 한 쌍이 다정하게 앉아 도란거린다. 마흔 안팎, 남자는 기름 바른 머리를 뒤로 빗어 넘겼고 여자는 하얀 명주수건으로 머리를 가려 얼굴이 잘 안 보인다. 쇠실댁 눈에 그들은 참 정다운 부부였다.

"이봐, 여기 국말이밥 둘, 막걸리 한 되."

"어이구, 또 그놈의 술. 하루도 못 참아?"

"아, 여기 잔소리하러 왔어?"

"왜 잔소릴 하게 해?"

쇠실양반, 더는 대꾸도 않고 막걸리 한 대접을 죽 들이켠다. 어, 시원하다. 쇠실댁이 쏘아붙인다.

"저 부부 못 봐요? 얼마나 정다워? 술도 안 먹고."

쇠실양반 그들 한 번 흘깃 보고는 근엄하게 말한다.

"저 사람들 부부 아녀. 나잇살이나 먹은 것들이 무슨 도란거리며 밥을 먹나? 저 사람들 부부 아녀, 알아?"

"그럼 뭐여?"

"뭐긴 뭐여, 애인인지 뭔지 하는 게지. 난 평생 그런 것 모르고 살았네, 허허."

"그래 섭햐?"

"어여 먹어."

어느덧 파장이다. 아침에 함께 갔던 장꾼들이 또 함께 다리 건너고 산을 넘는다. 바람이 서늘하다. 짓궂은 그 녀석이 또 히죽거리며 다가선다.

"쇠실아주머니, 왜 그렇게 앙탈을 부리셨어요?"

쇠실댁이 쇠실양반 한번 흘겨보고는 내뱉는다.

"앙탈은 무슨, 자기가 막무가내로 그래 놓고선, 괜히."

장꾼들이 일제히 킬킬 웃어댄다. 어느새 해가 뉘엿거린다.
- 그려, 토닥이면서 정 더 깊어지는 게 그게 부부여.

어느 겨울날

앞산에 눈이 하얗다. 쇠실댁이 마당 가 샘에서 빨래를 한다. 방망이질이 사납다. 무슨 화풀이 같다. 쇠실양반이 내다보며 한 마디 한다.

"하필 이 추운 날에 빨래여?"

쇠실댁이 한숨 한 번 후유하고 혼잣말처럼 중얼거린다.

"그럼 어째? 빨래 쌓이면 누가 빨아 줘?"

그러더니 쇠실댁, 밤새도록 콜록콜록, 온 몸이 불덩이다. 날이 밝았다. 좀 나은 듯은 했다. 하지만 쇠실양반 슬그머니 일어나 솜버선, 털모자, 나갈 차비다.

"어디 갈라고?"

"읍내 약 지으러."

"빈속에? 다 나았어. 가지 말아요."

"낫긴 뭐가 나아? 얼른 갔다 올 테니 아침 해 먹고 가만히 누워 있어. 나댕기지 말고."

쇠실양반 뒤도 안 돌아보고 나간다. 눈길 시오 리, 왕복 삼십 리, 바람은 또 얼마나 찰까? 쇠실댁 괜히 콧날이 시큰하다.

해가 꽤 높았다. 겨우 일어나 보리 한 톨 없이 흰쌀로 밥 짓고 된장 풀어 시래기국 푹 무르게 끓이고 뒤란에 묻어 둔 김칫독에서 소담스런 배추김치 한 포기 꺼내다 숭숭 썰고, 밥사발 둘은 뚜껑 잘 덮어 아랫목에 묻어 두고, 그리고는 무슨 생각이 들었던지 벌떡 일어나 빈 주전자 찾아들고, 자 이 이야긴 그만하자.

쇠실양반은 부리나케 갔다가 부리나케 돌아왔다. 그리곤 서둘러 쇠실댁한테 가루약 한 봉지 툭 털어 먹였다. 쇠실댁은 갑자기 몸이 날 것 같다. 얼른 나가 상을 들고 들어온다. 아랫목에 묻어 둔 밥사발 둘도 꺼내고.

"아니, 아직 아침 안 먹은 게여?"
"생각이 없어서."
그리고는 빈 대접 찰찰 넘치게 막걸리를 따른다.
"술 먹는다고 만날 성화더니 웬일이여?"
"내가 돈 게지. 얼른 들고 한숨 자요."
쇠실양반, 한 대접 죽 들이키고는 쇠실댁을 바라본다. 저 여편네 없으면 내가 어찌 살까? 쇠실댁도 밥 한술 뜨고는 쇠실양반을 바라본다. 저 영감 없으면 내가 어찌 살까?
- 그려, 서로 없으면 못 사는 게 그게 부부여.

누가 내게 말했다.
"나는 딸이 셋에 아들이 둘입니다. 있는 논밭 다 팔아서 딸들 시집보내고 아들애들 살림 내보냈어요. 어느 날 문득 보니 여편네하고 나, 둘만 남았습디다."
들은풍월로나마 이것으로 내 부부론을 마칠까 한다.

(2012)

작은 것에 관한 단상(斷想)

그저께 저녁, 왼손 약손가락 끝이 뜨끔거렸다. 잊을 만하면 뜨끔, 또 잊을 만하면 뜨끔, 누르면 아프고, 그래 이튿날 병원엘 갔다.

"많이 곪았네요. 따야겠어요."

젊은 의사가 곧 손가락에 마취주사, 예리한 칼로 곪은 데를 땄다. 검붉은 피고름이 푹 솟았다. 의사가 말했다. 내일 한 번 더 오라는 것, 술은 절대 안 된다는 것-. 간호원이 약을 바르고 붕대를 감아 주었다.

나는 산엘 자주 다닌다. 다녀와서 더운 물로 샤워, 비누질, 또 샤워, 그리고 먹다 남은 소주 한잔 죽 들이키면, 허허. 그날도 다녀왔다. 하지만 비누질은 언감생심, 물 들어갈까봐 왼손 높이 쳐들고 바른손으로 샤워기, 물만 뿌려댔다. 자, 이젠 세수를 해야겠는데, 한 손바닥으로 씻으려니 그게 세수가 되나, 할 수 없이 수건을 물에 적셔 얼굴을 닦았다. 밤에는 잠결에 어디 부딪힐까 봐 퍽도 신경이 쓰이었다. 키 170cm인 내가 겨우 7cm인 이 작은 놈에게 꼼짝을 못하다니.

아, 작은 것이 이렇게 센 존재였나? 맞아, 옛날 한 문신(文臣)의 오만한 작은 짓거리가 무신(武臣)들을 격노케 하고, 마침내 그들이 임금과 수많은 문신들을 주살한 일이 있다.[1] 한 사람의 암살 사건이 1천만 명의 죽음을 불러온 일도 있다.[2] 아니, 좋은 이야기 좀 하자. 옛날 서희(徐熙)의 말 한 마디는 적장 소손녕(蕭遜寧)을 굴복시켜 국토를 보존했고, 참 작고 약한 핑퐁 한 알은 미국과 중국 사이에 드리웠던 장막을 걷어 냈다. 맞아, 작은 것은 결코 약한 것이 아니다.

백 원짜리 동전 한 개 깔보지 말라. 백 원 한 개 모자라면 기차표 안 준다. 소주 한 병도 못 산다. 짧은 말 한 마디 함부로 하지 말라. 남의 가슴에 큰못 되어 박힌다. 어린아이가 하는 말이라고 흘려듣지 말라. 작은 동심이 오히려 큰 진리를 말한다. 임금은 배요 백성은 물, 물은 배를 싣기도 하고

---

[1] 고려 의종 때의 문신 한뢰(韓賴)가 참 방자하게도 노쇠한 무신 이소응(李紹膺)의 뺨을 쳤다. 무신들이 격분하여 난을 일으키니 이것이 곧 정중부(鄭仲夫)의 난이다.
[2] 세르비아 민족주의자가 오스트리아-헝가리 프란츠 페르디난트 대공을 암살, 이에 오스트리아-헝가리가 세르비아에 선전포고, 드디어 세계 제1차 대전을 불러왔다.

뒤엎기도 한다(君者舟也, 庶人者水也, 水則載舟, 水則覆舟. －荀子)는 말이 있다. 임금은 작은 백성 한 사람도 하찮게 보아선 안 된다. 당신이 대통령이 되거든 이 말을 잊지 마시라.

(2012)

길에서 본 것 둘, 둘

길엘 나가면 그냥 앞만 보고 걷지 말고,
저쪽도 좀 보며 걷자.

#1-1
 오전 열한시-. 아, 저기. 서글서글한 젊은 엄마가 유모차를 밀고 온다. 쌍둥이 차다. 가까이 온다. 두 녀석 연신 두리번거린다. 세상이 신기한가 보다. 그 옆을 훤칠한 젊은 아빠가 또 한 녀석을 안고 온다. 녀석은 손가락으로 이것저것 가리키며 이거 뭐야, 저거 뭐야 한다. 알고 싶은 것도 많은가 보다. 어딜 저리 가는 걸까? 오늘은 토요일, 틀림없이 큰댁일 게다. 할아버지 할머닌 저 녀석들 번갈아 안으며 얼마나 좋아하실까? 서글서글한 엄마의 눈웃음, 훤칠한 아빠의 미소, 참 행복하다.
 어느덧 석양-. 아, 저 앞 좀. 허리 구부정한 할머니가 보따리 하나를 손 바꿔 가며 들고 간다. 힘겨운가 보다. 청년 한 사람 다가가 슬그머니 받는다. 할머니, 주름진 얼굴에 웃음을 띠며, 고마워요, 학생. 청년, 빙긋 웃으며, 아녀요, 같은 방향인데요, 뭘. 리어카가 하나 지나간다. 작업복 한 사람이 끈다. 시멘트를 가득 실었다. 힘겨운가 보다. 가다 쉬다 한다. 트레이닝 입고 착착 발맞추어 달려오던 두 청년 말없이 다가가 함께 리어카를 민다. 앞에선 고맙네, 뒤에선 뭘요. 참 착하기도 하다.

1-2

저건 꽃집 아냐? 맞아 꽃집이다. 카네이션, 장미, 안개꽃, 별의별 꽃이 다 많다. 꽃 향이 상큼하다. 30대 작업복이 붉은 장미 일곱 송이를 고른다.

"내일이 우리 결혼기념일이거든요, 허허."

"7주년인가요?"

"네, 그렇습니다."

30대 작업복은 그지없이 즐겁다. 그 즐거운 얼굴을 보면

"여보, 미안해."

그러는 남편들도 많을 게다.

다음은 양주스토어. 시버스리걸, 조니워커, 발렌타인, 별의별 술이 다 많다. 디자인이 우아하다. 50대 넥타이가 조니워커 레드 블랙 두 병을 산다.

"내일이 스승의 날 아녀요?"
"스승께서 그 술 좋아하시나 보죠?"
"네, 그렇습니다."
50대 넥타이는 그지없이 즐겁다. 그 즐거운 얼굴을 보면
"죄송합니다, 선생님."
그러는 제자들도 많을 게다.

길엘 나가면 그냥 저쪽만 보지 말고,
이쪽도 좀 보며 걷자.

2-1

자, 우선 이른 아침 출근길-. 고려산업 김 부장이 차를 몬다. 도로가 꽉 막힌다. 차가 가다 서다를 반복한다. 이거 또 지각 아냐? 아, 길이 좀 뚫리네. 차가 잘 빠진다. 아이 깜짝, 웬 외제 차 한 대가 깜빡이도 없이 코앞으로 휙 끼어든다. 아니, 어떤 아주머니가 저렇게 겁이 없어? 어라, 이번엔 차 옆을 오토바이 한 대가 휙 지나간다. 사이드 미러가 부딪혀 떨어질 뻔 했다. 세상에 저런 놈이? 오토바이에 놀라 브레이크 잠깐 밟았는데 뒤차가 요란스럽게 빵빵거린다. 성질도 급하기는, 원.

다음은 한낮의 전주식당 앞길-. 김 부장이 동료 몇과 함께 걷는다. 점심을 먹고 회사로 들어가는 길이다. 앞에 네댓

이 가고 있다. 이웃 회사 직원들 같다. 서른 안팎이다. 네댓 중 두 사람이 담배를 피우며 간다. 얼마나 지났을까, 두 사람 약속이나 한 듯 길바닥에 꽁초를 버리고 구둣발로 비벼 끈다. 쯧쯧, 회사엘 가면 어디 재떨이가 있을 텐데. 아니, 담배 피운 입이 썼나, 거기다 가래침까지 칵 뱉네. 하기야 김 부장이 못 봐서 그렇지 쩍쩍 껌 씹다가 길바닥에 내뱉는 신사 숙녀도 있다.

2-2

석양의 주점(酒店) 거리—. 오늘은 김 부장 팀이 한잔하는 날이다. 남원옥(南原屋)이 저만치 보인다. 아니, 저 사람들? 20대 둘이 몸도 못 가누면서 헛주먹질을 한다. 아직 해도 다 안 떨어졌는데 언제부터 퍼마신 게야?

"왜들 이러시나?"

"당신이 무슨 상관이야?"

"당신?"

50대 김 부장, 당신 소리에 할 말을 잊는다. 젊은 애들의 말이 어쩌다 이렇게 분별을 잃었을까? 안주도 들지 않고 소주잔만 기울였다. 술이 썼다.

남원옥 괘종시계가 뎅뎅 아홉 점을 친다. 성질 급한 박 차장이 이제 그만 일어나자고 서둔다. 다들 일어선다. 남원옥 앞길이다. 아니, 저 양반들? 60대 둘이 비틀거리며 하수구 앞에 서더니, 쯧쯧, 참 시원히 내갈긴다.
"저기 공중변소 있습니다."
"뭐야, 공중변소? 허, 거 별게 다 와 참견이네."
"별게?"
40대 박 차장, 별게 소리에 할 말을 잃는다. 젊은 애들의 말이나 늙은이들의 말이나 거기서 거기, 다를 게 없군. 몇 잔 먹은 게 다 넘어올 것 같다.

자, 그만 마치자.
귀하가 사시는 동네 그 길들은 어떻습니까?

(2012)

발치전후사(拔齒前後史)

나는 윗니 반이 틀니였다. 그런데 언제부터인지 그 나머지 이들이 무슨 데모나 하듯 일제히 다 흔들렸다. 그래도 어떻게 그냥저냥 지내보자, 병원 가는 것보다야 낫잖나, 그러다가 할 수 없이 요 며칠 전 치과엘 갔다. 그리고 흔들리는 이 다 빼고 새로 틀니를 해 넣기로 했다.

첫날은 아래윗니 돌아가며 X-레이, 그 1주일 후엔 잇몸 치료(잇몸에 염증이 좀 있어서), 그리고 그 1주일 후에야 비로소 마취, 발치-. 그날, 무뚝뚝한 의사 선생님이 그 이 뺀 자리에 한 움큼 지혈면(止血綿)을 박아 넣고 나가자 상냥한 간호원 아가씨가 무슨 주의사항이 인쇄된 쪽지 한 장을 내밀었다. 그 중에 간호원 아가씨가 참 친절하게도 밑줄까지 쳐 가며 강조한 것이 하나 있다. 앞으로 1주일 절대금연, 절대금주-. 담배는 모르지만 술은 하루에 소주가 병반인데,

허, 기가 막혔다.

그리고 다음 예약날짜를 잡아주었다.

"틀니는 언제 해 넣어요?"

"몇 달 잊고 다니셔요. 잇몸도 굳어야 하고, 본도 떠야 하고, 임시틀니도 해 넣어야 하고 또…."

몇 달이라, 순간 가슴이 먹먹했다. 병원 다닐 일이 지겹게 떠올랐다. 집에 돌아와 지혈면을 빼고 거울을 보았다. 갈데없는 합죽 선생이다. 그날부터 죽을 먹었다. 그냥 참지 왜 뽑아? 우두커니 앉아 죽을 들여다보노라니 슬슬 속이 뒤틀렸다.

이튿날 강의가 있었다. 수필교실이다. 이미 등단한 몇 분, 등단을 준비하는 몇 분, 그냥 글공부가 좋아 나오는 몇 분, 다 합해 열댓 명의 작은 규모다. 그래서 더 화기애애하다. 공부가 끝나면 함께 식당엘 간다. 거기 물론 소주 한잔이 없을 수 없다. 이잔 저잔 돌아가며 땡 하고 툭 털어 넣으면 이게 사는 맛인가 싶다. 해서 나는 늘 그 출강이 즐거웠다. 그러나 그날은 걸음이 무거웠다.

드디어 교실, 의아스러운 시선으로 나를 바라보는 학생 제현 앞에 이실직고했다.

"그래서 이렇게 됐습니다. 원상을 회복하려면 몇 달은 걸린다고 합니다. 보기 싫더라도 인내해 주시기 바랍니다. 술도 다음 주에나 한잔 하겠습니다."

순간 학생 제현의 얼굴에 반짝 웃음이 번졌다. 술 좋아하는 우리 선생님, 어떻게 한 주일을 참으실까, 아마 이런 뜻이었을 게다.

드디어 점심시간, 나는 순두부 한 그릇을 시켜놓고 우물거렸다. 애주(愛酒) 학생 제현은, 한두 잔이야 어떻습니까, 하다가 내가 완강히 사양하자 자기네끼리 땡 하고 죽들 들이켰다. 그냥 견디지 왜 뽑아? 남들 땡 하는 걸 보자니 속이 팍 상했다.

두시쯤 집에 돌아왔다. 이것저것 다 귀찮아서 거실 소파에 누워 아침에 못다 본 신문을 뒤적이는데 따르릉 전화가 울렸다. 어느 잡지사 젊은 사장이다.

"아니, 김 사장이 웬일로?"

"저, 곧 초청장 보내드리겠지만, 실은 오는 17일이 저희 회사 창립 15주년 기념일입니다. 선생님께 축사 한 말씀 부탁드리려고요."

축사? 축사는 말로 하는 건데 이 보기 싫은 합죽 선생이 바람 새는 발음으로 무슨 축사를 하는가? 나는 저간의 사정을 말하고 거듭 미안하다고 했다. 그는 퍽 섭섭해 하면서, 그럼 치료 잘 받으시라며 전화를 끊었다.

나는 두어 번 그런 자리에 가 축사를 해봤다. 가면 주최측에서 칙사 대접이다. 적조했던 얼굴들 만나 소주 한잔도 할 수 있다. 올 때는 택시비라며 봉투도 한 장 찔러 준다.

그건 그리 많은 액수는 아니지만(물론 권위 있는 분은 다르겠지만) 술빚 진 김 선생, 박 선생 불러내서 삼겹살 구워 가며 소주 한잔 땡 하기엔 충분하다. 그냥 버티지 왜 뽑아? 삼겹살, 소주잔이 눈앞에 어른거려 속이 홱 뒤집혔다.

그 이틀 뒤 점심 모임이 한 군데 있었다. 늘 보고 싶은 선후배들, 그러나 총무에게 전화를 하고 안 갔다. 술 한 방울 못 하면서 무슨 도(道)를 닦겠다고 거길 가겠는가? 그날 저녁 그 모임의 선배 한 분이 전화를 했다.

"아, 이 없으면 잇몸으로 살지 무슨 틀니야?"

잇몸으로 살아? 허, 이 양반은 임플란트가 여섯 개다. 그러면서 이게 무슨 말씀인가? 위로 차원에서 한 말씀이라면 오발(誤發)이다. 나는 아무 위로도 못 받았으니까.

이튿날 오전, 그 점심모임의 총무일 보는 후배가 전화를 했다. 못 뵈어서 섭섭했습니다, 다음 모임은 언제 어디서 엽니다, 치과에 다니시느라 많이 힘드시지요, 저도 근 1년 깍두기 한 조각 못 먹고 고생을 했습니다, 그리고 덧붙였다.

"그런데 선배님, 무얼 좀 씹으니까 사는 것 같아요. 삶의 질이 달라집니다. 힘드시겠지만 꾹 참고 다니세요."

사는 것 같다? 삶의 질? 순간 내 머리가 상큼 빛났다. 그렇다면 그까짓 몇 달 못 참으랴. 병원행(行)도 지겨워할 것 없다. 마음이 가벼웠다.

맞아, 앞으로는 속 뒤틀릴 일이 없을 것이다. 속상할 일, 속 뒤집힐 일도 물론 없을 것이다. 이제 절대금연, 절대금주의 한 주일도 다 지나간다. 다음 강의시간에는 가벼운 걸음으로 가, 비록 순두부나 우물거릴지언정 소주 한잔은 맛있게 들 것이다. 그리고 틀니가 완성되면 총무일 보는 내 친애하는 후배 군을 불러내어 달라진 삶의 질을 한번 거하게 체험할 것이다.

(2013)

우산說

"說이라, 대체 자네가 우산의 뭘 說한다는 겐가?"

아니, 뭘 說한다는 게 아니고 창밖에 비 오는 걸 보다가 문득, 우산說, 이 한 마디가 떠올라 적어 본 것이다. 그러니까 이 우산說은 가령, 저 모자철학을 說한 누구처럼 우산철학을 한번 說해 보리라, 하는 게 아니고(그런 일은 내 힘에 부친다.) 다만 우산에 대한 약간의 체험, 몇 줄의 감상을 잠깐 피력해 보려는 것에 불과하다.

옛날 내가 어느 관청에 근무할 때의 일이다. 퇴근을 하려는데 창밖에 비가 내렸다. 그래 캐비닛 뒤에 꽂아 둔 헌 비닐우산 한 자루 꺼내들고 사무실을 나왔다. 버스정류장까지는 15분 거리, 나는 그날의 일을 대강 적어 두었는데 다음은 그 한 부분이다.

비가 갑자기 세차졌다. 머리는 어떻게 가렸지만 옷은 거의 다 젖다시피 했다. 그때였다 누군가가 뛰어들었다. 책가방을 든 어린 소녀였다. 젖은 이마에 머리카락이 흩어져 있었다. 나 하나 머리 가리기도 어려운 델 예고도 없이 뛰어든 그 귀여운 침범자는 다만 미소로써 양해를 구할 뿐 말이 없었다. 우리는 버스정류장까지 함께 걸었다. 옷은 젖지만 그래도 우산을 받고 있다는 안도감이 거기 있었다. 소녀의 버스가 먼저 왔다. 그는 미소와 목례를 함께 보내고 떠났다. 이상한 공허감이 우산 속에 남았다.
— 필자, 〈비닐우산〉

자, 다시 그 현장으로 가 보자. 나는 소녀가 어린 여학생이라는 것 외엔 아무것도 모른다. 소녀는 내가 공무원이라는 사실조차 알 리 없다. 그러나 미소, 목례, 안도감, 공허감, 이런 말들로 구성되는 그 10분 거리, 그 정류장이 지금도 내겐 아름다운 그림으로 남아 있다.

이건 내가 학교에 근무할 때의 일이다. 연구실에 일이 쌓여 일요일인데도 일찍 학교엘 갔다. 그런데 오전에 다 끝날 것 같던 그 일이 영 풀리질 않는 것이다. 점심은 연구실에서 라면 끓여 때웠다. 그럭저럭 일을 끝내고 나니 창밖이 어두웠다. 밖을 내다보았다. 비가 내리고 있었다. 우산 하나 찾아 들고 연구실을 나왔다. 캠퍼스 여기저기 켜진 등들의 희미한 불빛이 빗속에 처량했다. 우산 속이 너무 공허했다. 누구라도 있었으면 소주 한잔 하자고 했을 게다. 비 내리던 캠퍼스,

우산 혼자 받고 걸어 나오던 그 캠퍼스가 지금도 내겐 서글픈 옛날로 남아 있다.

우산은 혼자 받을 게 아니다.

자, 우리 비 오는 거리로 한번 나가 보자.

아, 저애들 국문과 아냐? 베이지색 잠바, 하얀 블라우스, 한 우산 함께 받고 나란히 걸어오는 저애들. 끊임없이 도란거린다.

"삿갓에 도롱이 입고, 난 김굉필(金宏弼)의 이 시조 좋더라. 세우(細雨) 중에 호미 메고 산전(山田)을 흩매는 것도 좋지 않니?"

"아니, 좋아. 수채화로 잘 그린 전원시야. 그러다 비 개고 무지개 뜨면 워즈워드(William Wordsworth)처럼 가슴도 뛸 게고."

다음은 역사 이야기, 철학 이야기가 꼬리를 문다. 바야흐로 인문학의 절정이다. 도란거리는 우산이 참 싱그럽다. 거기 함께 하는 젊은 낭만이 있다.

아, 또 우산. 젊은 부부다. 결혼 3년차, 스물여덟 동갑나기려니, 그냥 이렇게 생각해 두자. 저들도 끊임없이 도란거린다.

"집 없는 젊은이들, 영화가 너무 마음 아파. 하긴 우리도 방 두 칸은 있어야 하는데. 아이 낳으면 친정엄마 오셔야

하구-."

"나도 마음 아팠어. 하지만 우리가 언제 한데서 잤니? 연말이면 방 둘 얻을 돈은 되니까 걱정 마. 뱃속 아기나 조심하고."

그래, 모처럼의 외출이다. 걱정 같은 것 오늘은 다 잊자. 곱게 눈웃음 치는, 빙긋 미소 짓는 우산이 참 정답다. 거기 함께 사는 소시민의 생활이 있다.

한 우산 더 보고 가자. 이번엔 노부부다. 일흔아홉, 일흔여섯쯤. 그런데 영감님도 마나님도 통 말이 없다. 거 참 이상하네.

"영감님, 어째 두 분 다 말 한 마디 없으십니까?"

"내기 이 마누라하고 한 이불 덮고 산 게 50여년일세. 얼굴 보면 다 아는 걸 무슨 한 마딜 하나? 한 마디 없어도 할 말 다 하네."

그리고는 영감님, 옆 마나님 얼굴 한번 흘깃 보고는 여전히 말없이 간다. 마나님 잔주름 위로 미소가 곱다. 우산이 참 은근하다. 거기 함께 누리는 평안이 있다.

할머니 혼자 우산 받고 가는 것은 쓸쓸하지만 장성한 손자가 할머니 손목 잡고 함께 받고 가면 조금도 쓸쓸하지 않다. 할아버지 혼자 우산 받고 가는 것은 외롭지만 장성한 손녀가 할아버지 팔짱 끼고 함께 받고 가면 조금도 외롭지 않다. 세상의 착한 손자손녀들이여, 할머니 할아버지 혼자 우산 받고 가시게 하면 안 되네.

비단 할머니 할아버지뿐이랴. 우산은 둘이 함께 받을 일이다.

그래요, 둘이 함께,

비 오는 인생길, 그 힘든 길도 우리 우산 함께-.

(2003)

山길에서

봄

우리 집은 山 밑이다.

그리도 눈 퍼붓더니 어느새 또 봄이다.

하늘이 나직하다. 나직한 하늘이 보얗다. 보얀 하늘에 바람이 분다. 부는 듯 마는 듯 그렇게ㅡ. 더러는 선뜩도 하지만 매섭지는 않다. 아니, 혼혼하다. 어째 비가 올 것 같다. 지팡이삼아 우산 하나 짚고 집을 나선다. 식곤증으로 나른한 오후 한시 반, 드디어 山이다. 조용하다. 아직 안 깼나, 빈 가지, 마른 풀, 쌓인 가랑잎, 다들 한겨울이다. 아, 깜짝이야, 토끼 한 마리가 내닫는다.

어라, 비다. 비가 오네. 가늘다. 사르르, 좁쌀 같은 빗소리로 온 山이 조용히 소란해진다. 비가 겨울에 눈이 되어 내리는 것을 고마워한 수필가가 있다(金晉燮, 白雪賦). 그러나 차갑게 얼어붙은 이 山에 눈이 비가 되어 내리는 것은 또 얼마나 큰 축복인가? 사르르, 빗소리-, 빗소리들이 내 혈관을 타고 가슴에 들어와 詩가 된다. 우산을 펼쳐든다. 우산 위에도 사르르, 詩가 쏟아진다.

이 비 그치면 온 山이 바쁠 게다. 우선 저 응달에 쌓인 눈 좀 봐. 부지런히 녹잖니? 돌돌 시냇물까지 가려면 서둘러야 하거든. 굴참나무도 마음이 급할 게야. 어서 톡톡 푸른 눈 틔워야지, 미적거리다가는 물참나무한테 질 수도 있어. 아까 깜짝 그 토끼 녀석은 뭘 할까? 녀석이라고 한가할 리 있나? 겨우내 움츠렸던 가슴 한번 쫙 펴고, 맞아, 좋은 배필 찾아 온 山을 뛸 게야, 아암.

봄은 바쁜 계절이다. 아주 신나게 바쁜 그런-.

우리 돌이의 새 1학년도 이렇게 바쁘고 신나야지!

여름

우리 집은 山 밑이다.

사르르-, 봄비 오더니 또 금방 여름이다.

불볕이 마구 쏟아진다, 오후 세시. 바람 한 점이 없다. 집을 나선다. 낡은 맥고자, 빛은 바랬지만 그늘은 넉넉하다. 이마에 땀이 솟는다. 드디어 山이다. 땅이 후끈 열기를 뿜는다. 어느새 가슴팍에 주르륵 땀이 흐른다. 나무들이 넋이 나갔나, 멍청히 서 있다. 나뭇잎은 미동도 않고. 새 한 마리 날지 않는다. 山은 움직임이 없다. 소리도 없다. 적막뿐, 시간도 흐르다가 지쳐서 멈춘 듯.

잠깐, 저 하늘 좀 봐. 구름이 이네. 검다. 순식간에 하늘을 뒤덮는다. 뭐야, 갑자기 우두둑 소나기가 퍼붓는다. 하늘을 우러른다. 콩알 같은 빗방울이 얼굴을 때린다. 맥고자에서도 우두둑 빗방울이 튕긴다. 소나기는 어느새 쏴-, 폭포처럼 내리꽂는다. 천천히 바위 밑으로 가 비를 긋는다. 불볕만 있고 소나기가 없다면 이 山이 어찌 견딜까? 여름 예술의 극치, 저 퍼붓는 소나기-.

멍청하던 나무들이 정신이 드나보다. 미동도 않던 나뭇잎이 통통거린다. 산새들은 어디서 비를 그을까, 날다람쥐 한 마리가 급히도 나무를 오른다. 山이 되살아난다. 어라, 이건 또 뭐야, 뚝 소나기가 그치네. 구름이 터진다. 터진 구름 사이로 눈 시리게 드러나는 푸른 하늘, 햇빛이 마구 쏟아진다. 오, 밝은 햇빛, 너 참 아름답다, 찬란한 山 저 푸른 숲, 나무도 풀도 한 뼘을 부쩍 큰다.

불볕을 견디면 소나기, 소나기 지나면 햇빛-.

이봐, 우리 숲군들, 이 여름에 한 뼘씩 부쩍 크게나.

가을

우리 집은 山 밑이다.

불볕에 소나기 그리 퍼붓더니 벌써 또 가을이다.

비가 내린다, 조금은 쓸쓸히. 비가 그친다, 없던 일처럼.

가을비는 그렇게 내리다가 그렇게 그친다. 지금은 오후 두시 반, 포켓용 소주 한 병 잠바 주머니에 찔러 넣고 집을 나선다. 드디어 山이다. 햇볕 속, 온 山이 晴朗(청랑)하다. 하늘은 아스라이 푸르러 어지러운데. 바람이 살랑 인다. 살랑 이는 바람에 우수수 낙엽이 진다. 우수수 지는 낙엽이 옷깃을 친다(紛紛黃葉打征衣. -鄭士龍).

숲길을 걷는다. 어라, 이게 무슨 소리야? 뭐가 툭 떨어지네. 심심한 듯 툭, 또 툭 툭-. 아하, 굴밤이구나. 아니, 이건 산밤 아냐? 옛날 내 고향 안산 밑 그 밤나무들도 아람 떨어지는 소리가 툭 툭 이랬다. 그대 참나무, 산밤나무여, 그대들은 저 폭풍과 폭양과 폭우의 험난을 견디며 이렇듯 풍요로운 가을을 이루었다. 아, 이제 그대들은 한 점 悔恨(회한) 없이 安息(안식)에 들겠구나.

또 숲길을 걷는다, 천천히. 길가에 들국화가 하늘거린다. 함초롬히 비 맞은-. 가녀린 몸짓이다. 哀愁(애수)가 어린다. 넌 어쩌다 열매 한 톨 못 맺었니? 憐憫(연민)이 인다. 사위가 가을비처럼 쓸쓸하다. 바위에 앉아 병마개를 딴다. 속이 짜르하다. 다시 들국화를 본다. 아냐, 아니야. 이 가을에 꽃 피운 것 하나만으로도 너는 너의 삶을 잘 살아 온 거야. 열매 없다고 무슨 憐憫이니?

누구나 다 열매 풍성히 맺을 수는 없어.

가녀린 꽃이나마 피워낸 것도 감사할 일이라네.

겨울

우리 집은 山 밑이다.

가을 잎 흩날리더니 깜짝할 새 또 겨울이다.

연 사흘을 두고 폭설이다. 빠끔하다 싶으면 또 퍼붓는다. 작은 배낭 하나 메고 집을 나선다. 퍼붓는 눈 속에 오전 열시가 고즈넉하다. 드디어 山이다. 갑자기 쏴 바람이 몰아친다. 귓가에 윙 소리가 지나간다. 이 山엔 좁은 길이 두 갈래로 나 있다. 어느 길로 가든 가야峰에 닿는다. 그러므로 그 한 길을 못 간다 해서 서운할 건 없다(And sorry I could not travel both. —Robert Frost).

아, 저만치 누가 간다. 셋인지 넷인지 분간이 안 된다. 그 뒤를 또 누가 간다. 둘이다. 험한 눈길, 나는 그들이 남겨 놓은 발자국을 밟으며 간다. 그러나 퍼붓는 눈에 지워져 거의 다 희미하다. 뒤를 돌아본다. 누가 따라온다. 나는 그를 위해 발자국을 깊이 내려 했지만(今日我行跡, 遂作後人程. —西山大師) 내 힘으로는 별로 깊어지질 않는다. 문득 그런 내가 우스워서 그냥 걷기로 한다.

눈은 그칠 줄을 모른다. 걸음마다 뽀드득 눈 밟는 소리, 또 뽀드득, 소리가 난다. 맞아, 이건 개구리 우는 소리야(踏去聲聲六月蛙. —金笠). 뒤에 오던 몇 사람이 나를 지나 내 앞을 간다. 바쁜 걸음이다. 어딜 저리 서둘러 갈까? 나는 여전히 천천히 간다. 그들과 겨루며 바삐 갈 이유가 없다(各歸其止又

何爭.-宋翼弼). 그냥 이렇게 걸으면서 내 고향 여름논의 개구리 소리나 들으면 된다.

맞아, 서운하게 생각할 것 없어. 욕심낼 것도 없고.
서두르지도 마라. 그저 마음 편하게나 살면 돼.

(2011)

짧은 이야기 4편

산(山) 이야기

우리 집에서 버스로 한 2십 분 가면 도봉산(道峰山)이다. 나는 아내와 함께 매주 일요일 이 산엘 간다.

토요일 저녁, 저녁도 끝났다. 아이들은 저희 방에서 숙제 중, 나는 마루에서 텔레비전을 본다. 그때 아내는 부엌에서 좀 바쁘다. 아니, 뭐 바쁘다고 할 것까지는 없다. 천천히 김치를 썬다. 그 다음은 두부에 돼지고기, 다 찌갯거리다. 쌀은 벌써 씻어 놨나 보다. 마흔 살 이 아주머니, 꼭 초등학교 어린 아이 소풍 가기 전날 밤이다. 하기야 뭐 나라고 안 그런가, 늘 잔잔히 설렌다.

산을 오르노라면 마른 가지에 톡톡 눈트는 소리가 들린다. 톡톡, 나는 이 소리가 귀여워서 좋다. 비 그친 푸른 숲속엔 돌돌 도란거리며 냇물이 흐른다. 돌돌, 나는 이 소리가 정다워서 좋다. 아니, 저것 봐, 우수수 마구 쏟아지네, 낙엽들.

우수수, 이건 미련 없이 떠나는 소리 아냐? 지금 삭풍(朔風)이 눈보라를 몰고 위잉 온 산을 휘갈기고 있다. 위잉, 나는 이 소리가 세차서 좋다.

山에는 우리 자리가 한 곳 있다. 천축사(天竺寺) 아래 우물 가까운 곳이다. 우리는 거기다 한 살림 차린다. 우선 자리 꺼내 깔고, 물 떠 오고, 무거운 등산화 벗고, 펌프질해서 버너 켜고, 밥 짓고, 찌개 끓이고, 소주병 따고, 세상사(世上事) 다 잊고 한잔 땡하고, 그러니까 무슨 특별한 건 없다. 아니, 그저 그렇다. 우리는 이 그저 그런 게 좋아 산엘 간다. 세상사 다 잊고 그저 그런 게-.

나는 귀엽고 정답고 미련 없는 소리, 세찬 소리가 좋다.
그리고 쏴아 불붙는 버너 소리, 소주잔 땡 하는 소리.

* 이 글의 내용은 1960년대 것, 그때는 산에 버너를 가지고 갈 수 있었다.

들(野) 이야기

내 고향은 충청도 산골, 들이랄 게 없다.

그저 모 심고 밀 보리 갈고, 그런 논밭이 조금 있을 뿐-.

모 심고 논매노라면 허리가 끊어졌다. 그래도 참을 수 있었던 것은 벼 베는 가을이 있었으니까. 푸른 하늘 볕 좋은 들, 하얀 햅쌀밥에 윤이 자르르 흘렀다. 겉절이 한 잎 집어 들고 막걸리 한 대접 죽 들이키면 시원도 했다. 그해 김 서방은 밀농사를 많이 지었다. 그리고 어느 날 읍내에 가 국수한 궤짝을 눌러 왔다. 올가을에 둘째딸년이 시집을 간다. 서낭당 넘는 길이 흐뭇했다.

나는 들에서 자랐다. 이른 봄의 그 마늘밭, 북데기를 거두어 태우면 온 들에 보얀 연기가 자옥했다. 한여름 벼가 시커멓게 올라오면 살포 든 본동어른은 주름이 펴지고. 가을바람 서늘히 불면 허수아비는 무얼 하는지 참새가 제 머리에 와 앉아도 몰랐다. 드디어 정월 대보름, 그 들에 쌓아놓은 청솔가지가 활활 타며 불길을 솟구쳤다. 늘 평화롭던 곳, 그곳이 문득 그리울 때가 있다.

일찍이 고려의 문신 길재(吉再)도 들에서 나무하고 양 치는 소년이었다. 주경야독(晝耕夜讀)하는 청년이었다. 그에게는 고려에 당우삼대(唐虞三代)를 실현하리라는 큰 꿈이 있었다.[1] 중국 은(殷)나라 재상 부열(傅說)은 부암(傅巖)이라는 들 공사판에서 막일 하는 인부였다. 때를 기다린 걸까, 그는 무정(武丁)에게 발탁되어 은나라를 중흥시켰다.[2] 아, 지금은 누가 때를 기다리고 있을까?

들은 고되지만 보람 있는 곳, 추억이 있어 그리운 곳,

그리고 큰 꿈이 있는 곳-. 들이여, 영원히 축복받으라.

---

1) 길재는 여말삼은(麗末三隱)의 하나(1353-1419). 저서로 ≪야은집(冶隱集)≫. 이 이야기는 그의 〈후산가서(後山家序)〉에 드러나 있다.
2) 무정은 은나라 임금 고종(高宗)의 이름. 부열로 재상을 삼아 쇠해 가는 은나라를 다시 일으켰다. 이 이야기는 ≪서경(書經)≫ 참조.

샘물(井) 이야기

우리 옛 마을 그 안산 밑에 샘이 하나 있었다.

샘물은 맑고 차고 가뭄에도 흘러넘쳤다.

무더운 여름날, 소년이 소를 몰고 마을로 돌아오는 석양이었다. 아랫집 순이 누나 혼자 물을 긷고 있었다. 소년을 보더니 잔잔히 웃으면서 손짓을 했다. 더운데 물 한 모금 먹고 가. 소년은 물바가지를 받으면서 저도 모르게 순이 누나의 삼베적삼 봉긋한 곳을 흘깃 보았다. 그리고는 얼른 고개를 돌렸다. 누가 본 것 같아 얼굴이 화끈했다(필자, 순이 누나). 이성에 눈뜨던 그리운 시절-.

다음은 정화수(井華水) 이야기, 샘물 이야기 하는 데 정화수를 빼면 안 된다. 정화수는 첫새벽에 제일 먼저 길은 물이다. 그러니까 가장 신성(神聖)한 물이다. 옛날 우리 할머니들은 그 물 길어다가 치성(致誠)을 드렸다. 탄광(炭鑛)으로 징용(徵用) 간 우리 손자 녀석, 무사하게 하소서. 두 손을 비비며 빌고 또 빌었다. 하얀 물, 하얀 달빛, 손자의 무사를 빌던 우리 할머니들의 그 정성-.

자, 옛이야기 하나. 한 처녀가 샘에서 물을 긷는다. 버들가지 늘어진 샘. 처녀는 두 눈이 서글서글하다. 한 젊은이가 검은 갓에 흰 도포자락 날리며 말을 달려온다. 숨이 차다. 말에서 내린다. 물을 청한다. 눈썹이 짙다. 두 눈이 서글서글한 처녀는, 체할라 버들잎 띄워 물바가지를 건넨다. 눈썹 짙은 젊은이는 이 사려 깊은 처녀의 서글서글한 두 눈을 잊지 못한다. 아름다운 이야기-.

나는 지금 정수기로 수돗물을 걸러 먹고 산다.

그리움, 정성, 아름다움, 아무것도 없는 그저 그런 맹물을.

냇물(川) 이야기

내 고향은 충청도 산골-.

거기 냇물이 흘렀다. 맑았다. 물속 자갈들이 환히 보였다.

한여름, 학교에서 돌아온 꼬마들은 그 냇물로 달려갔다. 냇가 자갈밭에 아무렇게나 옷 벗어던지고 물속으로 뛰어들었다. 깔깔거리며 물장구 치고, 손바닥 딱딱 피라미 쫓고, 그러디 보면 입술이 파래지고 고추냉이가 오그라들었다. 꼬마들은 냇가 모래 위에 그들의 위대한 이상국(理想國)을 건설했다. 거기엔 고속도로가 있고 교차로가 있고 굴식(窟式) 주택과 견고한 성(城)이 있었다.

한여름, 서산에 해가 뉘엿거리면 어른들은 그 냇물에 휙 낚시를 던졌다. 그러면 반짝, 또 반짝, 낚시를 물고 공중으로 치솟는 물고기들의 은빛 비늘이 저녁볕에 빛났다. 더러는 물속에 돌을 쌓고 그 아래 어항을 놓기도 했다. 어항 속엔 잔고기들이 오글거렸다. 어른들은 둘러앉아 막걸리를 들었다. 죽 한잔 들고는 물고기 한 마리 배 따 물에 씻고 시뻘건 고추장 꾹 찍어 입에 넣었다.

한여름, 꼴 베고 돌아오는 석양이면 소년은 그 냇물에 몸을 담갔다. 그러면 저 산 높은 곳에 바위 하나가 보였다. 옛날 한 아리따운 기녀와 이 고을 젊은 원님의 슬픈 사랑-. 원님이 떠난다. 기녀는 떠나는 원님을 더 오래 보려고 이 바위에 오른다. 그리고 원님의 행차가 시야에서 사라지자 소년이 몸 담근 그 물에 몸을 던진다.* 소년은 그 바위를 바라보며 한없는 연민(憐憫)에 젖었다.

내 가슴에 흐르는 그 냇물엔 그리운 이야기가 있다.

지금은 무슨 이야기가 있을까, 공장 폐수-.

* 사람들은 이 바위를 낙화대(落花臺)라고 부른다. 꽃 진 바위-.

(2011)

비와 눈, 구름, 그리고 바람

우선 비

나는 비가 좋다. 봄비, 여름비, 가을비-.

하지만 외로운 노파의 눈물 같은 겨울비는 슬퍼서 싫다.

봄비-. 봄비는 사르르 내린다. 오는 듯 마는 듯, 조용히, 그렇게. 이 소리를 들으면 갑자기 내의가 투박해진다. 아니, 등은 왜 또 이렇게 가려울까? 아, 어느새 냇가 긴 둑이 파래졌는걸. 머잖아 목련꽃 벌고 라일락도 눈이 틀 게다. 생명의 생명다움을 가장 아름답게 실현하는 비, 봄비는 그 선구자다. 자, 우산을 펴들자. 어라, 봄비가 싸르르, 우산 위에 막 통랑한 리듬을 튕겨내네.

여름비-. 하늘은 쨍쨍, 마구 불볕이 쏟아진다. 아스팔트는 훅훅 달아오르고. 나무도 풀도 지쳐 늘어진 오후 2시. 아니, 저게 뭐야, 시커먼 구름이 하늘을 뒤덮는다. 그러더니 금방 우두둑, 또 금방 쏴-, 세찬 빗발이 아스팔트에 물보라를 일으킨다. 지쳐 늘어지던 나무와 풀이 펄펄 생기를 되찾는다. 갑자기 소나기를 만난 시민들의 즐거운 당황, 거리는 어허, 껄껄, 활기가 넘쳐나고.

가을비-. 창밖에 비가 내린다. 그런데 왜 내 가슴에 내리는 가을비의 시제는 다 이렇게 과거일까? 어린 시절, 추수 끝난 빈들에 가을비 쓸쓸히 내리면 소 몰고 돌아오던 山길에 들국화가 함초롬히 젖어 있었다. 우리 함께 다니던 그 학교 캠퍼스엔 지금도 후박나무 넓은 잎이 심심한 듯 뚝, 또 뚝 질 텐데, 내 우산 속으로 뛰어들던 그 애는 지금 어느 하늘 아래 살고 있을까?

그대, 겨울비여, 그리고 金 선생, 슬퍼하지 말라.

이야기를 만들어라. 아직 시간은 충분하다.

다음은 눈

어느 머언 곳의 그리운 소식이기에(金光均, 雪夜)-.

맞아, 눈은 그리운 소식처럼 그렇게 온다.

서강여대 국문과 詩論(시론) 시간, 노교수가 들어온다. 강의실은 텅 비고 반장학생 혼자 창변에 서 있다. 어디들 갔니? 창밖 좀 보셔요, 첫눈이어요. 그런데? 첫눈 오면 만나거든요. 누굴? 누군 누구예요, 선생님은 좋은 분도 안 계신가 봐. 좋은 분이라구? 선생님, 다음 시간에 뵈어요. 반장학생 눈 한번 찡긋하고 강의실을 나간다. 빙긋 웃는 노교수, 좋은 때야, 문득 젊은 날이 그립다.

 강변5가 人波(인파)의 그 거리엔 노점들이 즐비하다. 군밤, 군고구마, 닭똥집, 오뎅-. 지금은 밤, 사뿐사뿐 눈이 내린다. 저기 그와 그녀가 온다. 어딜 가는 걸까? 아냐, 그냥 걷는 거야. 머리 위에 방울방울 물방울이 영롱하다. 입 심심하지 않니? 음, 나 군밤. 군밤 한 봉지가 따끈하다. 人波는 여전히 출렁이는데, 이 눈 내리는 밤을, 수많은 그와 그녀들이 군밤 한 봉지로 행복하다.

 중랑천은 둑이 길다. 퍼붓던 눈 그치고 달 환한 밤, 우리 한번 그리로 가 볼까? 그와 그녀가 걷고 있다. 손잡고, 그 다음엔 팔짱끼고. 그가 읊는다, 나 보기가 역겨워 가실 때에는(金素月, 진달래꽃)-. 그녀가 눈을 흘긴다. 싫어, 그런 소리. 우리 이대로 함께 남아 있어요, 그래야 이 밤이 좋은 밤이죠(Shelly, Goodnight). 순간 두 입술이 포개진다. 달빛은 흰 눈 위에 마구 부서지는데-.

 이는 어느 잃어진 追憶(추억)의 조각이기에(雪夜)-.

 맞아, 눈은 잃어진 追憶처럼도 온다.

또 다음은 구름

 나무도 풀도 다 목 타 지칠 때 저 소나기 한 줄기-.

 이것이 구름의 가장 성스러운 덕이다.

 생각해 보라, 어느 여름날 오후 세시의 귀하의 뜰. 쨍쨍한 하늘에서 불볕이 마구 쏟아진다. 감나무 잎새는 미동도 않고 호박잎은 축축 늘어진다. 그때 검은 구름이 모여든다. 아니, 갑자기 우두둑 빗방울이 듣는다. 어라, 소나기네. 쏴-, 내리꽂는 빗줄기. 미동도 않던 감나무 잎새가 빗방울을 튕긴다. 축축 늘어졌던 호박잎이 생기를 되찾고 너울거린다. 소나기를 퍼부은 구름의 덕이다.

내가 구름의 덕을 생각할 때 떠오르는 말이 둘 있다. 하나는 白雲(백운), 하나는 行雲(행운)-. 白雲은 흰 구름이다. 귀하는 솔 푸른 저 嶺(영) 위에 떠 있는 흰 구름을 보았는가? 하얗게 깨끗하다. 行雲은 흔히 流水(유수)와 함께 쓰인다. 가는 구름, 흐르는 물, 귀하는 푸른 하늘을 떠가는 저 흰 구름, 숲 속을 흐르는 저 맑은 물을 보았을 것이다. 매임 없는 절대의 자유가 거기 있다.

위대한 지도자는 衆生(중생)이 목말라 지칠 때 소나기 한줄기를 퍼붓는다. 그러나 그것을 무슨 대단한 공적처럼 광고하지 않는다. 위대한 지도자는 물러갈 때를 안다. 소나기 시대가 끝났다고 생각할 때, 그리하여 햇볕의 시대가 와야 한다고 생각할 때다. 그는 白雲처럼 깨끗한 모습으로 떠난다. 그리고 떠난 뒤에는 行雲처럼 세상사 다 잊고 절대의 자유를 누리며 석양에 선다.

내가 과욕일까, 소나기 퍼붓는 것도 어려운 일인데, 그분이 白雲처럼, 行雲처럼 되시기를 바라는 것은?

끝으로 바람

바람났다, 바람피우다. 바람기, 바람둥이, 바람 들다-. 하나도 좋은 소리가 없네. 바람은 얼마나 억울할까?

옛날 이솝(Aesop)이라는 재주꾼이 바람과 해에게 내기를 시켰다. 아시는 바와 같이 저 산 아래 지나가는 나그네의 외투 벗기기다. 물론 해가 이겼다. 나는 왜 바람이 그런 내기에 참가했는지 모르겠다. 그 내기는 해가 이기도록 미리 조작된 것이다. 바람은 아무리 세차게 불어도 나그네의 외투는 벗겨지지 않는다. 아, 나그네가 외투 깃을 더 꼭꼭 여미게 하는 내기였어야 하는데.

그러잖아도 억울한데 이런 수모까지 겪다니-. 하지만 아니야. 훈훈히 불어 언 땅을 녹여 주는 게 바람이야. 서늘히 불어 불볕 쏟아지는 숲을 식혀 주는 것도 바람이고. 아 저기, 살랑 이는 바람에 들국화가 하늘거리네. 山길에 피어난 서정시 한 편-. 바람은 물론 폭풍이 되어 산을 무너뜨릴 때가 있어. 바다를 뒤흔들 때도 있고. 그러나 그것은 그가 참을 수 없어 분노할 때뿐이야.

언 땅 한번 녹여 주지 못하면서 바람 보고 억울한 소리 하지 말게. 불볕더위 한번 식혀 주지 못하면서 바람 보고 그런 소릴 해서도 안 되네. 자, 다시 山길로 가 보세. 거기 피어난 詩 한 편, 그대는 이런 감동적인 언어로 청중을 대한 일이 있는가? 감동적인 언어, 허허. 나는 또 그대가 주먹을 불끈

쥐고 분노하는 모습을 자주 보았네. 그러나 별로 분노할 일이 아닐 때가 많았어.

  백성들의 언 가슴을 녹이시라, 그 무더운 삶을 식히시고. 詩 같은 언어로 말씀하시고, 분노할 때 분노하시라, 그대여!

(2011)

눈, 코, 귀, 그리고 입

우선 눈에 관하여

사랑은 눈으로 온대(Love comes in at the eye. —Yeats).

맞아, 사랑은 눈으로 와. 그 無言(무언)의 言語(언어)—.

너, 아파 찡그리다 방긋 웃는 아기의 두 눈 봤지? 말없이 그 눈 들여다보는 엄마의 두 눈도 봤지? 젖은 눈이야. 하느님, 우리 아기 아프지 않게요, 네? 옛날 우리 동네 밤실댁도 그랬어. 그 아들 군인 가던 날 밤의 그 별 뜬 서낭당, 그 서낭당 바라보는 그 두 눈도 젖어 있었어. 서낭님, 우리 아이 무사하게 하소서.* 옳아, 어머니의 젖은 두 눈으로 우리 이렇게 살아온 것 아니니?

어라, 비가 오네. 한 우산 둘이 받고 가는 쟤들 국문과 아냐? 서글서글한 눈빛으로 내려다보는 아이, 그 눈빛 바라보며 곱게 흘기는 아이—. 옛날 우리 동네 안산 밑 샘가도 그랬어. 분이가 물을 길으면 삼돌이는 저만치 나뭇짐 세워두고 물 한 모금 먹자며 다가왔어. 삼돌이의 서글서글한 두 눈, 분이는 물 한 바가지 떠 주며 곱게 흘기고-. 맞아, 사랑은 무언, 그렇게 눈으로 와.

자, 전하는 말 하나. 경포대엔 달이 다섯 뜬대. 하늘에 하나, 바다에 하나, 호수에 하나, 마주보는 님의 눈에 하나, 님이 따라 준 술잔에 하나. 그 중에도 달 아래 마주보는 님의 까만 눈이 나는 좋더라. 달빛 어린 그 눈으로 님은 무슨 말을 속삭였을까? 내일 아침 우리 서로 헤어진 후면/그리움은 강물처럼 끝없을 것을(明朝相別後, 情與碧波長. -黃眞伊). 맞아요, 강물 같은 그 그리움-.

사랑은 눈으로 와. 그 無言의 言語.

아니, 핏발선 눈, 노려보는 눈, 엿보는 그런 눈은 말고.

* 서낭님은 城隍神(성황신), 즉 마을의 守護神(수호신), 그러나 옛날 우리 어머니, 할머니들은 불가능이 없는 절대의 존재로 믿지 않았던가 한다.

다음은 코

어째 코는 좀 푸대접을 받는 것 같다.

이건, 코로서는 대단히 억울한 일이 아닐 수 없다.

자, 보자. 형편이 어려운 친구가 도움을 청하면 뭐라면서 거절하는 줄 아나? 내 코가 석 자(吾鼻三尺)라, 이러네. 싫으면 싫다고 할 게지 왜 코 핑곈가? 누가 체면을 구기면 코가 납작해졌다고들 비웃는데, 눈귀 다 놔 도고 하필 코가 당해야 하는지 난 그 까닭을 모르겠네. 코 아래 진상이라는 말도 그래. 진상 받는 뇌물은 다 입이 꿀꺽하는데 왜 코 아래를 들먹이나? 참 이상한 일-.

그래도 이건 약과야. 자네, 눈 감으면 코 베어 먹을 세상, 이런 말 들어 봤지? 인심이 그렇게 험하다 이 말인데, 인심하고 코하고 무슨 상관이 있어서 여기 코를 끌어들이나? 그리고 베어 먹다니, 이건 식인종의 논리 아냐? 그런가 하면, 신념이 분명한 경우를 보면 콧대가 높다고 빈정거리다가 그것이 자기에게 불리하게 작용될 눈치면 그 콧대를 꺾으려고 별짓을 다한다네, 허허-.

왜 코를 이렇게 대접할까? 그러다가 코가 막혀 숨을 못 쉬면 숙을 수도 있는데(입이 있어 대신하겠지만 코에 비하면 턱도 없다.). 그러다가 코가 상해 냄새를 못 맡으면 향기도 악취도 모르고 살아야 하는데(아니, 악취에 질식할 수도 있는데). 코는 시큰해할 줄을 알아. 그건 감동할 줄 안다는 뜻이야. 그런데 코가 말라 시큰해할 줄을 모르면 그 삶이 얼마나 삭막할까? 감동을 잃은 삶-.

우리는 코의 숨 쉬고 냄새 맡고 시큰해하는 덕을 예찬하자. 절대로 막히게 상하게 마르게 해서는 안 된다.*

---

* 조선 5백년, 實勢(실세)의 눈 밖에 나면 귀양을 가거나 사약을 받거나 했다. 國器(국기)라던 林亨秀(임형수)는 그래서 턱도 없는 누명을 쓰고 사약을 받았다. 庶孽(서얼)의 자손이면 벼슬길을 막았다. 탁월한 학자

宋翼弼(송익필)은 그래서 벼슬길에 나가지 못했다. 그들을 중용했어야 하는데, 코를 막히게 상하게 마르게 해서는 안 되는데-.

그 다음은 귀

나는 일찍이 귀를 論(논)한 글을 보지 못했다.

해서 여기 내가 한줄 써 볼까 한다.

우선, 귀는 듣는다. 까치 소리도 듣고 까마귀 소리도 듣는다. 아니, 들리는 것은 다 들어야 한다. 까치 소리는 반가워서 듣고 까마귀 소리는 섬뜩해서 안 듣고, 그럴 수가 없다. 들리는 것은 다 들어야 하는 것이 귀의 운명이다. 눈은, 보기 싫으면 감으면 되지만 귀는 눈에 눈꺼풀 같은 개폐장치가 없다. 그런데 유감스럽게도 귀가 들어야 하는 것 중 가장 난해한 것이 사람의 말이다.

이 난해한 말들, 그 말들을 듣고 그 중 어떤 말을 취하든 어떤 말을 버리든 그것은 귀하의 자유다. 옛날의 한 농부는 그 들은 말이 더럽다 하여 냇물에 귀를 씻었다고 한다.* 역시 그의 자유다. 그러나 귀하가 한 집단의 영도자라면 그 자유 앞에 신중하지 않으면 안 된다. 甘言(감언)에 혹하여 苦言(고언)을 버리지 말라. 그러면 귀하와 귀하가 영도하는 집단의 파멸을 앞당길 것이다.

귀는 좌우로 하나씩 모두 둘이다. 이것은 좌우 양쪽의 말, 요컨대 信念(신념)이 서로 다른 쌍방의 말을 다 들으라는 뜻일 것이다. 어느 쪽을 버리고 어느 쪽을 취할 것인가 하는 것도 물론 귀하의 자유다. 그러나 그것은 냉철한 理性(이성)의 통제를 받는 것이 아니면 안 된다. 물론 귀하는 이 둘을 변증법적으로 통합할 수 있을 것이다. 나는 귀하가 편견 없기를, 그리고 지혜롭기를-.

 들으라. 그리고 신중하게 냉철하게 판단하라.
 그러나 들리지 않는 말은 엿듣지 말라.

* 옛날 중국에 許由(허유)라는 높은 선비가 있었다. 堯(요) 임금이 그에게 임금 자리를 물려주려 했다. 그는 받지 않고 箕山(기산)에 숨어 농사를 지었다. 堯 임금이 다시 그를 九州(구주)를 맡으라며 불렀다. 그는 듣지 않고 潁水(영수)라는 물에 귀를 씻었다. - 《辭源(사원)》.

끝으로 입

 입은 먹는다, 마신다, 말한다, 사랑을 한다.
 숨도 쉬지만 그것은 본래 입의 영역이 아니다.
 각설하고-. 나는 한 가정의 가장이다. 세 살짜리 딸이 하나 있다. 자, 아침 식탁, 나는 생선 한 조각을 떼어 아이의 입에 넣어준다. 그 오물거리는 입이 귀엽다. 아내가 그런 나를 웃으며 바라본다. 나는 한 회사의 팀장이다. 퇴근 때면 팀원들과 흔히 포장마차엘 들른다. 소주 한잔 쭉, 닭똥집 기름소금에 꾹 찍고 껄껄, 나는 그 웃음소리들이 미덥다. 아침 저녁이 다 사람 사는 것 같다.

 나는 출근할 때 딸을 안아준다. 그러면, 아빠 다녀와, 한다. 아내는, 이따 전화, 하고. 나는 아이와 아내의 이런 말이 정다워서 좋다. 자, 이젠 회사. 나는 우리 사장님 말씀이 늘 훈훈해서 좋다. 상무님 말씀은 논리 정연해서 좋고. 그렇다, 아니다가 분명한 우리 팀 金군의 말도 나는 좋아한다. 진정성을 결한 말, 속이거나 협박하는 말, 이런 말들은 저주받은 입에서나 나오는 것이다.

나는 퇴근이 늦을 때가 많다. 돌아와 보면 아이는 이미 잠들어 있다. 바알간 볼, 나는 아이가 깰까봐 조용히 입을 맞춘다. 밤이 깊으면 창밖 멀리 푸른 별들이 빛난다. 그러면 나는 가볍게 아내의 어깨를 안는다. 순간 별빛 아래 함께 걷던 지난날이 아름답게 지나간다. 내게 입을 맞출 어린 사람이 있다는 것, 내게 입을 맡긴 좋은 여인이 있다는 것, 이것은 하느님의 은총이 아닐 수 없다.

먹고 마시고 말하고 사랑하는 입이여,

너로 하여 우리 모두의 삶이 행복해질지어다.

(2011)

斷想 I

讓步(양보)에 관하여

힘이 없어서 내주는 것은 양보가 아니다.

그것은 굴복에 다름 아닌데 흔히 양보로 착각한다.

신라 제2대 임금 南海王(남해왕)이 돌아갔다. 당연히 태자 儒理(유리)가 자리를 이어야 한다. 그런데 유리는 昔脫解(석탈해)에게 양보했다. 탈해는 남해왕의 사위요 재상(大輔)으로 덕망이 있었다. 탈해가 거듭 사양하다가 말하기를 "듣건대 거룩하고 지혜로운 사람은 이(齒)가 많다 하니 시험해서 정하자." 했다. 그래 떡을 물어 시험한즉 유리가 더 많으므로 그가 임금 자리에 올랐다.[1]

어느 해 겨울, 유리왕이 국내를 순행하다가 한 노인이 얼어 죽게 된 것을 보았다. 임금이 침통하게 말했다. "내 임금

---

1) ≪三國史記≫ 新羅本紀 儒理尼師今條.

자리에 있으면서 백성을 기르지 못하여 어린아이와 늙은이들이 이 지경에 이르렀으니 이는 나의 죄다." 그리고 옷을 벗어 그 노인을 덮어주고 음식을 마련하여 그를 먹였다. 이 소문을 듣고 이웃 나라 백성들이 찾아왔다.[2] 그는 이 많은 임금, 덕 있는 임금이었다.

유리왕이 서른네 해의 왕위를 누리고 마침내 죽음에 이르렀다. 왕이 신하들에게 말했다. "탈해는 國戚(국척, 임금의 인척, 여기서는 사위)이요 재상으로서 여러 번 공을 세웠다. 나에게 두 아들이 있으나 그 재능이 탈해에게 미치지 못하니, 나 죽은 후엔 그로 하여금 이 자리를 잇게 하라."[3] 그리하여 유리는 가고 탈해가 왕위에 올랐다. 유리는 힘이 있어도 내주려 했고 마침내 내주었다.

나 가지기 싫어서 내주는 것도 양보가 아니다.
그것은 버림에 다름 아닌데 흔히 양보로 착각한다.

信念(신념)에 관하여
신념은 지키는 것, 지키지 않는 것은 신념이 아니다.
그러나 어떤 신념은 스스로 버리기도 한다.

---

[2] ≪三國史記≫ 위와 같은 條 二년.
[3] ≪三國史記≫ 위와 같은 條 34년. 옛날 堯(요) 임금도 아들 朱(주)가 있었지만 그를 버리고 舜(순)에게 양위했다. -≪書經≫. 儒理王이나 堯 임금이나 다 나라를 위해서 그랬다.

각설하고. 世祖(세조)가 노하여 소리쳤다. "이미 臣(신)이라 칭하고 배신인가?" 朴彭年(박팽년)이 대답했다. "나는 신이라 칭한 일 없소." 박팽년이 忠淸監司(충청감사)가 되어 狀啓(장계)한 것을 보니 한 군데도 신이라 칭한 데가 없었다.[4] 왕위를 찬탈한 세조와 타협할 수는 없다, 어린 임금 端宗(단종)을 다시 복위시켜야 한다, 박팽년은 스스로 죽음을 택하면서 그 신념을 지킨 것이다.

眞平王(진평왕) 30년, 왕은 고구려가 빈번히 신라를 침범하므로 隋(수)나라 군사를 빌어 고구려를 정벌하리라 하고 圓光法師(원광법사)에게 乞師表(걸사표)[5]를 쓰라 명했다. 법사는 "내가 살기 위하여 남을 멸함은 승려의 할 짓이 아니오나 貧道(빈도)[6]가 이 땅에 살고 이 땅의 물과 풀을 먹으니 어찌 쓰지 않겠습니까?" 하고 곧 썼다.[7] 법사는 조국을 위하여 그 신념을 버린 것이다.

박팽년도 사람, 그도 살고 싶었을 것이다. 그러나 살기 위해서는 세조의 신하가 되어야 한다. 물론 그럴 수는 없었다. 그는 결국 죽음을 택하였다. 원광법사는 승려, 그도 승려로서의 그의 신념을 지키고 싶었을 것이다. 그러나 그러기 위해서는 조국 신라의 다급한 현실에 눈을 감아야 한다. 물론

---

4) 이 이야기는 權鼈(권별)의 ≪海東雜錄(해동잡록)≫에 근거.
5) 군사를 빌려 달라고 청하는 글.
6) 스님이나 道士(도사)가 자신을 낮추어 겸손하게 일컫는 말.
7) 光曰 "求自存而滅他, 非沙門之行. 貧道在大王之土地, 食大王之水草, 敢不惟命是從."-≪三國史記≫ 新羅本紀 眞平王 三十年條

그럴 수는 없었다. 그는 결국 毁節(훼절)이라는 비난을 감수하고 걸사표를 쓴 것이다.

신념은 괴롭게 지키고 괴롭게 버리기도 하는 것-.

그러나 햇볕 따라 줄 서는 사람들은 그걸 모른다.

自尊(자존)에 관하여

자존하는 사람은 자신을 함부로 굴리지 않는다.

다음은 중국의 옛이야기 둘-.

曾子(증자)8)가 퍽 가난했다. 임금이 使者(사자)를 보내 食邑(식읍) 한 고을을 주겠다고 했다. 증자가 사양했다. 사자가 까닭을 물었다. 증자가 답했다. "들으니, 받은 사람은 그 준 사람 앞에 비굴해지고, 준 사람은 그 받은 사람 앞에 교만해진다고 합니다. 내가 그 땅을 받으면, 임금께서야 물론 주고서도 나에게 교만하지 않으시겠지만 나야 받고서 어떻게 비굴해지지 않겠습니까?"9)

소년 韓信(한신)10)은 뜻이 컸다. 그런 그를 괴롭히는 악소년이 있었다. 힘이 셌다. 어느 날 저자에서였다. 그가 또 한신을 괴롭히려 말했다. "흥, 몸집 하나는 제법 크구나. 어라, 칼도 찼네. 하지만 넌 겁쟁이야. 아니면 그 칼로 나를 찔러

---

8) 孔子의 제자로 이름은 參(참, 기원전 505-436). 저서로 ≪大學≫.
9) 이 이야기는 劉向(유향)의 ≪說苑(설원)≫에 전한다.
10) 漢高祖(한고조)의 신하(?-기원전 196). 후에 楚王(초왕)에 봉해졌다.

봐라. 못 찌르겠거든 내 가랑이 밑으로 기어!" 한신은 말없이 그를 바라보다가 그의 가랑이 밑을 기어나갔다. 본 사람들이 다 겁쟁이라고 비웃었다.[11]

증자가 가난하게 살면서도 식읍을 받지 않은 것은, 받으면 임금 앞에 비굴해진다고 생각했기 때문이다. 한신이 치욕인 줄 알면서도 악소년의 가랑이 밑을 긴 것은 그런 하찮은 자에게 상처를 입어서는 안 된다고 생각했기 때문이다. 그들이 자신을 함부로 굴리는 사람이었다면, 증자는 주는 대로 식읍을 받았을 것이고 한신은 치욕을 못 참아 칼을 뽑아 들었을 것이다. 그렇지 않은가?

증자는 증자(성인)의, 한신은 한신(명장)의 이름을 얻었다. 그들이 자신을 함부로 굴리지 않았기 때문이다.

命令(명령)에 관하여

부당한 명령은 거부해야 한다. 그것이 正義(정의)다.

정당한 명령은 따라야 한다. 그러지 않으면 不義(불의)다.

아주 오래 전 이야기 하나. 서울의 모든 고등학교가 일제히 입학시험을 치르는 날이었다. 학교에서는 전화를 끊고 교문을 잠가 외부와의 소통(출입)을 차단했다. 문교부(지금의 교과부)의 한 높은 관리가 순시 중 어느 고등학교에 닿았다. 헌

---

11) 이 이야기는 曾先之(증선지)의 ≪十八史略(십팔사략)≫에 전한다.

데 수위가 문을 열어주지 않았다. "우리 교장 선생님 허락 없이는 이 문 못 엽니다." 문교부 관리는 속으로 그에게 경의를 표하고 돌아갔다.

漢(한)나라 文帝(문제)는 세 번이나 사양하다가 왕위에 오른 사람이다. 그때 周亞夫(주아부)라는 장군이 있었다. 문제는 그로 하여금 細柳(세류)라는 곳에서 匈奴(흉노)의 침입을 막게 했다. 그리고 어느 날 그 군사들을 격려하려고 그 곳에 갔다. 수문장이 말했다. "영내에서는 말이든 수레든 달리지 못합니다. 장군의 명령입니다." 문제는 스스로 고삐를 당겨 천천히 수레를 몰았다.12)

문교부의 높은 관리라면 굽실거리며 열어줄 법도 한데 그 수위는 열어주지 않았다. 문제는 임금 아닌가? 그럼에도 수문장은 영내에서는 달리지 못한다고 했다. 그 수위와 수문장은 위의 명령이니까 그 정부당 생각 않고 그냥 따랐을지 모른다. 그러나 문교부 고위관리와 임금이 따른 것은, 그 명령이 정당하고, 정당한 명령은 어떤 신분이든 따라야 한다고 믿어서 그랬을 것이다.

높은 관리가 수위의 말을 듣는 사회이어야 한다.

임금이 수문장의 말을 따르는 나라이어야 한다.

(2011)

---

12) 文帝의 이 이야기는 曾先之의 ≪十八史略≫에 전한다. 저자 曾先之는 文帝 때를 가리켜 "후세에는 이에 비할 만한 시대가 없었다."고 했다.

斷想 Ⅱ

偏見(편견)에 관하여

눈(目)은 왜 둘일까? 잘 모르겠다.

혹 양쪽을 다 보라, 그런 뜻은 아닐까?

일전에 山을 다녀온 金군이 내게 와서 말하기를 "봉우리가 퍽 높더라." 했다. 그때 나는 그가 보았다는 그 봉우리가 정말 높을 것이라고 생각했다. 그 얼마 후 그와 함께 山을 다녀온 李군이 와서 말하기를 "골짜기가 퍽 깊더라." 했다. 그때 나는 그가 보았다는 그 골짜기가 정말 깊을 것이라고 생각했다. 그들은 둘 다 성실하니까, 본 대로 말할 뿐 늘이거나 줄일 줄을 모르니까.

그 며칠 후 金군이 다시 와서 내게 말하기를 "골짜기가 깊은 것이 아니라 봉우리가 높은 것이다." 했다. 그러자 금방 李군이 쫓아와서 말하기를 "봉우리가 높은 것이 아니라 골짜기가 깊은 것이다." 했다. 둘 다 성실한 사람, 본 대로 말할 뿐 늘이거나 줄일 줄을 모르는 이 사람들의 말이 왜 이처럼 서로 다를까? 나는 내 눈으로 그 山을 보지 못했으므로 아무 말도 할 수 없었다.

생각건대 金군의 말대로 봉우리는 정말 높을 것이다. 李군의 말대로 골짜기도 정말로 깊을 것이다. 그러나 金군은 봉우리가 높은 것에 치우쳐 골짜기가 깊은 것을 못 보았고, 李군은 골짜기가 깊은 것에 끌려 봉우리가 높은 것을 못 보았을 것이다. 만일 그들이 위와 아래를 고루 보았다면 "봉우리는 높고 골짜기는 깊더라." 하고 똑같은 말을 했을 것이다. 이건 다툴 일이 아니다.

눈은 왜 둘일까? 위아래를 다 보라는 뜻일 것이다.

편견에 사로잡히지 말라, 그런 뜻일 것이다.

* 이 글은 필자의 ≪中殿과 侍女≫ 소재 〈눈은 왜 두 개릴까〉의 첫 부분을 개고한 것.

判斷(판단)에 관하여

하나를 보면 열을 안다고 한다. 이것은 잘못이다.

열을 다 보기 전에는 열을 안다고 할 수 없다.

우리는 흔히 그 일부를 보고 그 전부가 다 그러려니 한다. 물론 그런 판단이 옳을 때도 있다. 그래서 하나를 보면 열을 안다는 말이 생겼을 것이다. 그러나 둘, 셋, 아니 아홉을 보고도 열을 안다고 할 수 없다. 나머지 하나가 아닐 수도 있기 때문이다. 그 일부를 보고 그 전부가 다 그러려니 하는 이런 잘못을 사람들은 귀납적 오류라고 한다. 그러면서도 끊임없이 반복하는 오류—.

자, 그 예 하나. 가령 처음 만난 어떤 사람이 한 마디 거짓을 말하는 것을 본 사람은 그 후 그가 아홉 마디 진실을 말해도 그게 다 거짓이려니 한다. 처음 만난 어떤 사람이 한 마디 진실을 말하는 것을 본 사람은 그 후 그가 아홉 마디 거짓을 말해도 그게 다 진실이려니 한다. 아니, 그게 다 거짓이려니, 다 진실이려니 하는 것이 아니고, 거짓이다, 진실이다, 이렇게 확신까지 한다.

이 잘못은 여기서 머무르지 않고 한 발을 더 내딛는다. 저 사람은 거짓을 말하는 사람, 내가 이렇게 낙인찍은 사람이 진실을 말하는 걸 보면, "흥, 저도 사람인 게지." 하고 冷笑(냉소)한다. 저 사람은 진실을 말하는 사람, 내가 이렇게 인정한 사람이 거짓을 말하는 걸 보면, "부득이해서 그랬을 거야.", 이렇게 寬容(관용)한다. 아무리 우리가 이를 잘못이라고 질타해도 현실은 안 변한다.

하나를 보고 열을 판단하는 것, 이것은 잘못이다.*

그러나 이 잘못된 판단은 끈질기게 존재한다.

批評(비평)에 관하여

비평은 어떤 특정 사물의 가치를 평가하는 작업이다.

발전은 바로 이 비평을 동력으로 이루어진다.

그러나 비평이 참으로 발전의 동력이 되기 위해서는, 비평자는 반드시 다음 두 가지 덕목을 갖추지 않으면 안 된다. 첫째는 그 평가하려는 대상을 완벽하게 이해하는 것이다. 그러지 않으면 대상 따로, 평가 따로 놀아 서로 무관한 것이 되고 만다. 둘째는 그 평가하려는 대상을 객관적으로 바라보는 것이다. 만일 비평자의 편견 또는 감정이 개입되면 그 비평은 편파적일 수밖에 없다.

비평이 참으로 발전의 동력이 되기 위해서는 피평자도 반드시 다음 두 가지 덕목을 갖추지 않으면 안 된다. 첫째는 그 비평이 설령 부정적인 경우일지라도 겸허하게 수용하는 것이다. 그러지 않으면 자신의 결함을 알지 못한다. 둘째는 그 비평에 동의할 수 없으면 당당하게 반론을 제기하는 것이다. 그러지 않으면 그 동의할 수 없는 비평에 어느새 스스로 동의한 게 되고 마는 것이다.

비평자는 평가대상을 숙지할 일이다. 그게 귀찮으면 당연히 평필을 들지 말아야 한다. 좋은 사람의 것이면 호평, 싫은 사람의 것이면 혹평, 이러는 사람도 평필을 들어서는 안 된다. 호평만 수용하려는 사람, 제기해야 할 반론은 포기하고 뒤에 숨어 욕설이나 퍼붓는 사람, 이러는 사람의 것은 평가대상에서 제외해야 한다. 바로 이런 사람들이 발전의 동력으로서의 비평을 망치는 것이다.

발전은 비평을 동력으로 이루어진다.
이는 물론 쌍방의 심경이 개방적일 때 그러하다.

反對(반대)에 관하여
 반대하는 자유, 그것은 신성한 것이다.
 적어도 민주주의는 그렇게 믿는다.
 그러나 그 자유가 참으로 신성한 것이 되려면 그 반대가 용기 있는 것이 아니면 안 된다. 실로 반대는 다수의 찬성 속에 소수로 존재할 때가 많다. 그럴 때 그것은 외롭게 전개된다. 반대는 또 유리한 상대 앞에 불리한 입장으로 서 있을 때가 많다. 그럴 때 그것은 힘겹게 전개된다. 그러나 외롭다고 해서, 힘겹다고 해서 반대를 포기한다면 그것은 신성한 자유 하나를 버리는 것이다.
 반대하는 자유가 참으로 신성한 것이 되려면 그 반대가 정연한 論理(논리)를 갖춘 것이 아니면 안 된다. 우리는 지난 한때 "억지가 사촌보다 낫다."는 참 해괴한 思想(사상)에 매몰된 일이 있다. 찬성쪽도 이 사상으로 반대쪽을 짓눌렀지만 반대쪽도 이 사상으로 찬성쪽에 대들었다. 눈에는 눈, 이에는 이, 그러면 그만이지만, 이 억지사촌論으로는 어떤 경우도 찬성쪽을 설득할 수 없다.
 반대, 그 반대하는 자유가 참으로 신성한 것이 되려면 그 반대가 순수한 것이 아니면 안 된다. 그가 내 편이 아니기 때문에 반대하는 것은 순수한 것이 아니다. 내게 불리할 것이기 때문에 반대하는 것도 순수한 것이 아니다. 유권자의 시선을 집중시키기 위해 반대하는 경우도 더러 본다. 역시 순수한 것이 못 된다. 어떤 반대든 그 의도가 불순하면 끊임없는 갈등만 일으키고 만다.

반대여, 용기 있으라, 논리를 갖추라, 순수하여라.

그럴 때 민주주의는 그대를 옹호할 것이다.

(2012)

對照法 I

손(手)과 발(足)[*]

손이 발을 생각하면서 신세한탄을 한다.

오늘도 정신없이 움직였다. 핸드폰, 컴퓨터, 차 운전, 도무지 쉴 틈이 없었다. 밖에 나가서는 땡볕에 맨몸으로 돌아다녔다. 숨 막히는 이 무더위에 손목은 시곗줄이 옥죄고 손가락은 반지가 옥죄고, 대체 내가 무슨 죄인가? 오늘은 유난히 주인양반의 화장실 출입이 잦았다. 그때마다 나는 이 양반의 지퍼를 내리고 그걸 잡아야 했다. 주인양반 퇴근 후에는 또 신문을 바쳐 들고 허공에 떠 있어야 했고.

발이란 놈은 오늘도 편했다. 이따금 걸어 다니는 것 외에는 여전히 하는 일이 없었다. 땡볕에 맨몸 드러낼 일도 없고, 숨 막히게 옥죄는 것도 없고, 그걸 잡기를 하나 허공에 매달리기를 하나, 세상에 참 팔자 좋은 놈도 다 있다.

발이 손을 생각하면서 신세한탄을 한다.

오늘도 사력을 다해 버티었다. 주인양반의 체중은 무려 72kg, 그러자니 종일 한증막 같은 구두 속에서 숨이 막혔다. 그 흐르는 땀, 그 고린내, 어떻게 견뎠는지 모르겠다. 오늘은 유난히 주인양반의 화장실 출입이 잦았다. 나는 그때마다 그 냄새나는 타일바닥에 몸을 누이고 72kg을 떠받쳐야 했다. 그러나 주인양반은 무심하다. 내 발목에, 내 발가락에 무엇 하나 표시해 주지 않는다. 어디 이럴 수가?

손이란 놈은 오늘도 신이 났다. 시계 차고 반지 끼고, 핸드폰 톡톡, 컴퓨터 탁탁, 차는 부르릉-. 주인양반이 화장실엘 갈 때도 저만 샤워를 했다. 주인양반 코앞에 신문 받쳐 들고 아양 떠는 꼴이라니, 참 아니꼬운 놈도 다 있다.

"주인 각하, 참 힘드시겠습니다."

* 이 글은 필자의 《中殿과 侍女》 소재 〈手足의 日記〉 일부를 개고 한 것.

머리(頭)와 가슴(胸)

머리는 차가워야 한다.

머리가 차가운 사람은 신중하다. 신중하므로 사태를 철저히 분석하여 결론에 이른다. 머리가 차가운 사람은 면밀하다. 면밀하므로 정연한 논리로써 경쟁자를 설득한다. 머리가 차갑지 못한 사람은 卽興的(즉흥적)이기 쉽다. 卽興, 그것으로 얻은 결론으로는 사태를 타개하지 못한다. 그것으로 구축한 논리로는 오히려 경쟁자의 반격 앞에 자신이 허물어질 수도 있다.

가슴은 훈훈해야 한다.

가슴이 훈훈한 사람은 눈에 慈悲(자비)가 흐른다. 그는 그 자비로써 겨울을 사는 사람들의 추위를 녹여준다. 가슴이 훈훈한 사람은 마음이 넉넉하다. 그는 그 넉넉한 마음으로 動機(동기)가 순수한 과오에 관대하다. 가슴이 찬 사람은 利己的(이기적)이기 쉽다. 利己, 그것으로는 남을 위로하지도 용서하지도 못한다. 그 당연한 결과로 남에게 위로받지도 용서받지도 못한다.

"말은 쉬운데-."

배(腹)와 배꼽(臍)

배가 말한다.

나는 채운다. 그럼으로써 존재한다. 그러나 지나치면 배불러 헐떡이고 모자라면 배고파 쪼르륵거린다. 이는 中庸(중용)을 잊어서 그럴 것이다. 나는 좀 부유해져서 적당히 내밀고 싶을 때가 있다. 당신은 안 그런가? 하지만 혈압이 어떻다, 당뇨가 어떻다는 등등, 이런저런 이유로 그것은 좌절된다. 그런데 여기 한 가지 억울한 일이 있다. 왜 자궁이 임신한 것을 내가 부르다고 하는가? 수틀리면 배를 쨌다고도 하는데 이것도 좋은 소리는 아니고.

배꼽이 말한다.

나는 채우지 않는다. 그럼으로써 존재한다. 아니, 일부러 채우려 하지 않는 게 아니고 처음부터 채울 데 없이 태어난 것이다. 그러므로 헐떡이지 않는다. 쪼르륵거리지도 않는다. 나는 부유해질 것이 없으므로 적당히 내밀 것도 없다. 그러니 욕망이 없는데 내게 무슨 좌절이 있겠는가? 자궁이 임신한다 해서 나 억울할 것도 없다. 아무리 수틀려도 나를 째러 올 칼은 없을 것이다. 사실이 그런데 내게 무슨 좋은 소리 싫은 소리가 따로 있겠는가?
　"한 집에 사는데, 거 참."

(2011)

對照法 Ⅱ

오리(鳧)[1] 다리와 학(鶴)의 다리
오리가 학을 보고 말했다.
"여보, 학 선생. 귀하는 어찌 그리 다리가 깁니까? 참 엉성도 하네요, 허허. 나처럼 아담 사이즈로 잘라 보세요."
학이 듣고 한심한 듯 말했다.
"아담 사이즈라, 허허. 귀하는 어찌 그리 다리가 짧습니까? 참 답답도 하네요. 나처럼 시원하게 늘여 보세요."
그들은 서로 내 다리처럼 아담하게 잘라라, 내 다리처럼 시원하게 늘여라, 끊임없이 싸웠다. 해서 내가 말했다.
"세상에 殘酷(잔혹)도 유분수지, 어떻게 생 다리를 그렇게 자르고 늘이나? 길게 태어난 것은 길게, 짧게 태어난 것은 짧게, 태어난 그대로 살게 가만두게. 죽어도 美大(미대) 가

---

1) 鳧(오리 부). 물오리, 집오리의 총칭.

겠다는 놈 보고 醫大(의대) 가라고 윽박지르지 말란 말일세."2)

海東靑(해동청)3)과 닭

海東靑이 닭을 보고 말했다.
"나는 날아서 꿩을 잡는다. 너도 그럴 수 있니?"
닭이 듣고 말했다.
"아니, 나는 울어서 새벽을 알린다. 너도 그럴 수 있니?"
汗血駒(한혈구)4)가 고양이를 보고 말했다.
"나는 수레를 끌고 천리를 달린다. 넌?"
고양이가 듣고 말했다.
"나는 물어서 쥐를 잡는다. 넌?"5)

---

2) ≪莊子(장자)≫에 다음과 같은 말이 있다.
"긴 것(長者)은 넘치는(有餘) 것이 아니며, 짧은 것(短者)은 모자라는(不足) 것이 아니다. 그러므로 오리는 비록 다리가 짧지만 짧다 해서 늘이면(오리로서는) 더없는 患難(환난)이요, 학은 비록 다리가 길지만 길다 해서 자르면(학으로서는) 더없는 悲劇(비극)이다. 따라서 天性(천성)이 긴 것으로 태어난 것을(넘친다고 생각해서) 자르려 하지 말며, 天性이 짧은 것으로 태어난 것을(모자란다고 생각해서) 늘이려 하지 말아야 한다." —外篇(외편) 騈拇(변무)
3) 사나운 새, 즉 매(鷹).
4) 名馬(명마). 汗血馬(한혈마), 汗馬(한마)라고도 한다.
5) ≪土亭秘訣(토정비결)≫의 저자로 알려진 李之菡(이지함)이 抱川郡守(포천군수)로 있을 때 임금께 萬言疏(만언소)를 올린 일이 있다. 그는, 用人(용인)은 반드시 그 才能(재능)을 보아야 한다 하고 다음과 같이 덧붙였다.

言則是也(언즉시야)라, 누가 듣고 아뢰었다.

"殿下(전하), 꿩 잡는 데는 海東靑을 쓰십시오. 아무리 녀석이 싫으셔도 그래야 합니다. 쥐 잡는 데 汗血駒를 쓰시면 안 됩니다. 아무리 녀석이 좋으셔도 그러면 안 됩니다."

손바닥(掌)과 주먹(拳)
내가 말했다.

"손바닥은 늘 펴 있다. 그래서 개방적이다. 늘 펴 있으므로 무엇이든 쉬 잡을 수 있다. 張(장)군은 그 쉬 잡을 수 있는 손바닥으로 낫자루를 잡는다, 전기드라이버를 잡는다. 잡으면서 노동의 신성함을 체험하고 일하는 행복을 허여하신 하느님께 감사한다. 張군은 그 쉬 잡을 수 있는 있는 손바닥으로 병상에 누운 친구의 손을 잡는다, 걷기 힘든 노인의 팔을 잡는다. 잡으면서 사람에 대한 연민을 체험하고 그들을 도울 수 있도록 허여하신 하느님께 감사한다.

주먹은 늘 쥐어 있다. 그래서 폐쇄적이다. 늘 쥐어 있으므로 무엇 하나 잡지 못한다. 잡지 못하므로 張군의 손바닥이 낫자루를 잡을 때 權군의 주먹은 그 근처에 얼씬도 하지 않는다. 그렇다고 그냥 논다고 생각하면 그건 큰 오해다. 張군

"海東靑은 천하에 매서운 새지만 울어서 새벽을 알리는 데는 닭만 같지 못합니다. 汗血駒는 천하에 날랜 짐승이지만 쥐를 잡는 데는 고양이만 같지 못합니다. 하물며 닭으로 꿩을 잡게 하겠습니까, 고양이로 수레를 끌게 하겠습니까?" -鄭弘溟(정홍명) ≪畸翁漫筆(기옹만필)≫

의 손바닥이 전기드라이버를 잡고 생산 현장을 누빌 때 權군의 주먹은 파업 선두에 서서 하늘에 삿대질을 한다. 아파 누운 친구나 걷기 힘든 노인에겐 吾不關焉(오불관언)이지만 경쟁자에게는 불의의 일격을 가하기도 한다."

내 말을 듣고 그가 말했다.

"그렇지 않습니다, 정 선생. 말씀이 어찌 그리 편파적이십니까? 張군의 손바닥이라고 해서 다 그렇게 긍정적인 면만 있는 게 아닙니다. 나는 녀석이 분을 못 참고 경쟁자를 후려치는 참 못된 모습을 많이 보았습니다. 선생은 못 보셨습니까? 權군의 주먹도 그렇습니다. 그토록 부정적인 면만 있는 게 절대로 아닙니다. 나는 녀석이 토닥토닥 노인네의 등을 두드려 드리는 참 착한 모습을 자주 보았습니다. 선생도 보셨지요? 나는 선생이 좀 공정했으면 합니다."

나는 아무 말도 못 했다.

* 張은 掌(손바닥 장), 權은 拳(주먹 권)으로 이해하시기를.

(2011)

對照法 Ⅲ

이태석 신부와 카타피

孟(맹) 선생이 말했다.

혹 이태석 신부라고 들어 보셨습니까? 한국 사람입니다. 의사구요. 그런데 남 다 부러워하는 의사를 마다하고 신부가 되었습니다. 그리고는 아프리카의 오지 수단의 톤즈 마을을 찾아갔습니다. 내전으로 황폐된 마을, 그는 거기서 병으로 죽어 가는 주민(나환자 등)들을 치료했습니다. 절망에 빠진 그곳 소년들과 함께 미역 감고 함께 나팔 불며 그들로 하여금 삶에 대한 자신감을 가지게 했습니다. 그의 일거수일투족이 다 톤즈 사람들을 위한 희생과 봉사 아닌 게 없었습니다.

그런 그가 잠시 서울에 왔다가 건강 검진을 받게 되었어요. 대장암이었습니다. 그는 다시 톤즈로 돌아가지 못했습니다. 그의 부음을 들은 톤즈 마을 사람들, 특히 소년들의 흐느끼는 모습은 차마 볼 수가 없었습니다.[1]

자, 이태석 신부의 그 어려운 사람들을 위한 희생과 봉사, 톤즈 소년들의 흐느끼는 모습, 다시 봅시다. 사람은 역시 그 天性(천성)이 善(선)한 겁니다.²⁾

荀(순) 선생이 말했다.

혹 카타피라고 들어 보셨습니까? 리비아 사람입니다. 육군 대위였어요. 그런데 그가 쿠데타를 일으켜 임금을 내쫓고 정권을 잡았습니다. 그 후 그의 독재가 지금까지 42년입니다. 그는 무력으로 6백만 국민을 억압했습니다. 어느 교도소에서 폭동이 일어났을 때 중화기를 동원 1천 명을 학살한 것은 그 작은 한 예입니다. 부패는 더 말할 것이 없습니다. 국가의 주요 산업, 가령 방송, 석유, 금융, 영화, 통신, 에너지 같은 산업은 모두 그 아들딸들이 장악하고 있습니다.

---

1) 2010년 1월 16일. 그의 장례미사가 서울에서 있었다. 수단의 페링톤 신부를 비롯한 여러분들이 멀리 와 조문했다. 2월 28일엔 톤즈의 소년들이 그의 영정을 앞세우고 나팔을 불며 행진을 했다. 그들은 이태석 신부를 아버지라고 불렀다.
2) 孟子(맹자)가 告子(고자)에게 한 말 중에 다음과 같은 대목이 있다.
"사람의 本性(본성)이 善한 것은 물이 아래로 흐르는 것과 같으니, 사람으로서 善하지 않은 사람이 없고 물로서 아래로 흐르지 않는 물이 없는 것이다. 이제 물을 쳐서 튀게 하면 사람의 이마를 넘길 수 있고, 물길을 막아서 역류시키면 산꼭대기에도 댈 수 있지만, 그것이 어찌 물의 本性이겠는가? 다만 힘에 의하여 그리 된 것뿐이다. 사람의 本性을 不善하게 만드는 것이 이와 같은 것이다."
 － ≪孟子(맹자)≫ 告子章句(고자장구) 上2

드디어 시민이 궐기했습니다. "카타피 독재 42년 오늘로 끝낸다." 이것이 궐기한 시민들의 결의입니다. 그러나 카타피는 親衛隊(친위대)와 傭兵(용병)을 독려, 그 궐기한 시민들을 향하여 무차별 총격을 가하고 있습니다.³⁾

자, 카타피의 잔혹 무비한 독재와 그 아들딸들의 유례없는 부패, 차별 없이 총을 쏘아대는 親衛隊와 傭兵들, 사람은 역시 그 天性이 惡(악)한 겁니다.⁴⁾

내가 듣고 말했다.

두 분 선생, 사람에게 무슨 天性이라는 게 있기는 한 겁니까? 잘은 모르지만 설령 있다 하더라도 그건 보편적인 게 아니고 그냥 개별적인 걸 겁니다. 이태석 신부님의 天性은 善

---

3) 지금(2011년 2월 27일 현재)도 그는 물러나지 못한다고 악을 쓰며 親衛隊와 傭兵들로 하여금 市民軍(시민군)에게 마구 총격을 가하고 있다. 그 일가의 재산은 1500억 달라(170조 원)로 추정된다고 한다. * 오늘(2011년 10월 20일) 그가 그의 고향 어느 배수관 속에서 시민군에게 사살되었다고 각 방송국이 일제히 보도했다.
4) 荀子(순자)는 다음과 같이 말했다.
"사람의 本性은 惡한 것이다. 善하다고 하는 것은 虛僞(허위)다. 사람은 나면서부터 利(이)를 탐하나니, 그대로 두면 爭奪(쟁탈)은 생기나 辭讓(사양)은 없어질 것이다. 사람은 나면서부터 남을 미워하나니, 그대로 두면 殘賊(잔적)은 생기나 忠信(충신)은 없어질 것이다. ‖ 그러므로 반드시 師法(사법)의 敎化(교화)와 禮義(예의)의 敎導(교도)가 있어야 한다. 그런 후면 辭讓에서 시작하여 文理(문리)와 합치하고 마침내 세상은 治世(치세)로 돌아가게 될 것이다." - ≪荀子(순자)≫ 性惡篇(성악편)
* 師法의 敎化 ; 스승을 본떠 그 가르침을 받아 착하게 됨.
  禮義의 敎導 ; 禮義를 가르쳐서 이끌어 줌.

이고 카타피의 天性은 惡이고, 이렇게 —.

하이네와 헤겔

베를린의 어느 露臺(노대) —.

스무 살 한 청년이 멀리 밤하늘을 우러른다. 별들이 찬란하다. 옆에 머리 희끗거리는 한 노인이 서 있다. 무심한 표정이다. 스무 살 청년은 후에 詩名(시명)을 드날린 하이네, 머리 희끗거리는 노인은 당시 독일의 사상계를 지배하던 헤겔이다.

하이네가 말한다.

"선생님, 참으로 아름다운 밤입니다. 저 별들 좀 보십시오."

노인, 별 반응이 없다.

"선생님, 저는 저 별들이 우리 死後(사후)의 住宅(주택)이라고 생각합니다. 아, 아름다운 住宅 —."

노인, 퉁명스럽게 내뱉는다.

"저 별이 우리 死後의 住宅이라고? 흥, 저건 그냥 하늘에 박힌 하얀 癩瘡(나창, 몹쓸 부스럼)일 뿐일세."

"네? 아니, 그럼 우리 죽은 뒤에 행복한 집이 없습니까? 우리가 베푼 善行(선행)이 報償(보상)을 받을 그런 곳이 없습니까?"

노인, 갑자기 冷酷(냉혹)한 語調(어조)로 변한다.

"하이네, 자넨 그런 死後의 報償을 바라고 자네의 病母(병모)를 간호했는가? 그래서 兄을 毒殺(독살)하려다가 중지했는가?"*

* 이 글은 卞榮魯(변영로)의 ≪도막 생각≫중 〈詩人(시인)과 哲學者(철학자)와의 對話(대화)〉를 필자의 문체로 요약, 번안한 것.

내가 듣고 말했다.
하이네 씨, 별이 死後의 住宅이라구요? 글쎄요. 헤겔 선생, 별이 癲倉이라구요? 모르겠네요. 내게 있어서의 별은 그냥 별입니다. 소나기처럼 쏟아지는 저 별빛, 아름답잖아요? 내게 있어서의 별은 그냥 아름다움입니다.

(2012)

당뇨(糖尿)발 이야기

 당뇨발, 당뇨로 해서 발에 이상이 생기는 것, 그거 아주 안 좋다는 말을 들은 일이 있다. 아주 안 좋다는 것은 잘라낼 수도 있다는 뜻이다. 이 말을 처음 들었을 때 당뇨환자인 나는 퍽 섬뜩했다.
 지난 토요일 저녁이다. 발을 씻다 보니 오른발 둘째 발가락이 검붉게 변해 있었다. 가슴이 덜컥 내려앉았다. 내일 당장 병원엘 가자. 그러나 내일은 일요일이다. 드디어 월요일 아침, 그런데 좀 이상했다. 발가락의 그 검붉은 기운이 눈에 띄게 엷어진 것이다. 다급한 마음도 다소 완화되었다. 그래도 가자. 아냐, 어차피 내일 병원에 가는데 뭘. 나는 당뇨로 해서 석 달에 한 번씩 병원엘 간다.
 다음 날이다. 병원에 간 길에 양말을 벗고 발가락을 보여주었다. 주치의는 젊은 여의사다. 그녀가 한참 들여다보더니 심각한 어조로 말했다.

"외과에 한번 가 보세요. 당뇨발 가능성이 있어요."

또 한 번 덜컥 가슴이 내려앉았다.

외과는 금방 찾을 수 있었다. 곧 X레이를 찍었다. 마흔 안팎의 신사 의사가 점잖게, 그러나 역시 심각하게 말했다.

"별 이상은 없습니다. 그러나 큰 병원엘 가서 정밀검사를 받아볼 필요가 있습니다. 미적거리다가 잘못되면 얼마나 안타까운 일이겠습니까? 제가 편지 한 장 써 드리겠습니다."

잘못되면? 잘라내게 되면, 그런 뜻이다. 그리고 무슨 의뢰서 한 장과 조금 전 찍은 X레이 사진 몇 장을 한 봉투에 넣어 건네주었다. 먹구름 낀 것처럼 마음이 어두웠다. 병원비 17,000원. 나는 집에 돌아오자 곧 그가 말한 대로 그 큰 병원(어느 대학병원) 내분비학과에 전화를 걸어 예약을 했다. 내일 오전 10시-. 그가 써준 의뢰서에는 당뇨발 가능성이 아니고 아예 당뇨발로 확정되어 있었다.

이튿날 나는 그 큰 병원을 찾아갔다. 간호사가 우선 수납엘 다녀오라고 한다. 진찰료와 선택 진료료 합해서 21,900원. 담당의는 서른 남짓한 남자 교수다. 그는 내 발가락을 이리저리 살펴보더니

"입원을 하셔야겠습니다."

한다. 입원? 나는 한 달여를 입원한 일이 있다. 그래 그게 나와 내 가족들에게 얼마나 힘든 일인가를 잘 안다. 내가 난색을 표하자 그가 다시 말한다.

"그러시면 우선 피검사를 해 보고 정하지요. 그 전에 정형외과 선생님께 보여 드리는 게 좋겠습니다. 그분은 발에 관한 한 최고의 권위십니다."

그럼 아까 입원을 해야겠다고 한 말은 그냥 한번 해본 소린가?

나는 간호사의 안내대로 또 수납엘 가 발 권위 교수의 진료료 21,900원, 피검사와 CT 진단료 합쳐서 375,370원을 내고(의료보험에 들지 않았으면 584,993원을 내야 한단다.) 발 권위 교수를 찾아갔다. 한 쉰쯤 된 중후한 신사다. 그는 내 발가락을 찬찬히 눌러 보았다. 다음은 그와의 문답.

"혹 발을 다친 일이 있나요?"

"아니, 없습니다. 그 동안 산엘 좀 다녔을 뿐."

"통증은요?"

"전혀 없습니다. 누르면 좀 아프지만."

"걷는 데 지장은 없나요?"

"예, 없습니다."

그러자 그가 나직이 말했다.

"부드러운 신, 좀 두터운 양말 신으세요. 산은 험하니까 평지 걸으시고. CT 촬영 끝나면 다시 이리 오세요."

아니, 다급한 당뇨발 환자를 보고 무슨 이런 한가한 소린가? 그는 단 한 번도 당뇨발을 말하지 않았다. 나는 그게 좀 이상하면서도 적이 마음이 놓였다.

내가 그의 진료실을 나온 것은 11시, 나는 우선 채혈을 했다. 피검사는 신장 기능을 보기 위한 것이고, 왜 그걸 봐야 하는지 내분비학과 젊은 교수의 설명이 있었지만 나는 무슨 말인지 알아듣지 못했다. CT 촬영은 오후 2시30분이었다. 공복으로 기다리라고 한다. 허리 이하 두 다리의 혈관을 본다는 것이다.

그나저나 2시30분까지 장장 세 시간을 무얼 하며 기다리나? 나는 애꿎은 시계만 자꾸 들여다보았다. 병원 1층 홀에 우두커니 혼자 앉아 한참 만리장성을 쌓다가 들여다보면 겨우 3분, 답답해서 병원 밖 한 바퀴 돌고 들여다보면 또 겨우 5분―.

밖을 돌다 보니 저만치 서점 하나가 보였다. 나는 그리로 가 책 구경 좀 하다가 ―금 5,000원을 주고 책 한 권을 샀다. ≪세계걸작 단편선≫, 모파상, 포, 오 헨리, 루쉰, 타고르, 하디, 투르게네프―. 나는 다시 병원 1층 홀로 돌아와 책을 펼쳤다. 그러나 집중할 수가 없었다. 몇 줄 읽다 보면 어느새 CT 촬영할 일, 결과가 어떻게 나올까, 별의별 딴 생각이 머리를 어지럽히는 것이다.

CT 촬영은 30분 늦춰져 3시에 있었다. 나는 촬영을 마치고 정형외과 발 권위 교수를 찾아가기 전에 잠깐 내분비학과에 들렀다. 젊은 교수가 말했다.

"아까 피검사 하신 거, 신장 기능이 좀 약화됐지만 염려할

정도는 아닙니다. 당 조절 잘 하십시오. 입원 여부는 정형외과 선생님 지시를 따르시고요."

나는 정형외과로 가서 한 시간을 기다린 후 발 권위 교수를 만났다. 그는 CT 촬영을 한 사진 여러 장을 보여주면서 "괜찮습니다. 발을 잘 관찰하시고 무슨 이상한 증상이 보이면 곧 오십시오."

했다. 발가락이 검붉게 변한 것은 혈관이 터져서, 그게 다시 엷어진 것은 터진 피가 흡수되어서 그렇다는 말도 했다.

4시 반에 병원을 나섰다. 날아갈 것 같았다. 하지만 괜찮다는 말 한 마디 듣는 데 40여만 원, 아까운 생각은 떨칠 수가 없었다.

(2012)

소통에 관한 단상 3제

노래방

옛날엔, 무슨 모임에서 소주라도 한잔 하면 그 멤버들이 2차를 갔다. 흔히는 호프집, 소주 먹어 후덥지근한 목에 생맥주, 신토닉 그 잔 한잔은 가히 환상적이었다. 이야기가 쏟아졌다. 문학, 역사, 철학, 더러는 음담까지 미치지 않는 데가 없었다. 그 2차엔 늘 이야기가 도도히 흘렀다.

지금은, 2차는 가지만 흔히는 노래방이다. 나도 따라가 봤다. 어둠 속, 휘황한 불빛이 어지러이 돌고 있었다. 노래는 너나없이 통통 튀고 춤은 남녀무별의 난무였다. 노래와 춤만으로 소통하는 곳, 거긴 이야기가 없었다. 노래방 문화에 홀로 미개한 나는 미안해서 더는 따라가지 않았다.

컴퓨터

나는 이른바 기계치(痴)다. 참 엄두가 안 나 컴퓨터를 못

배웠다. 내가 연구실에 앉아 만년필로 글 쓰자면 젊은 교수들이 지나다가 한마디씩 했다. "선생님, 컴퓨터 배우세요. 그거 쉬워요." 지금이 어떤 세상인데 만년필로 글을 써? 그들의 눈에 나는 참 기이한 원시인이었을 게다. 그러면 나는 "혼이 깃든 글은 육필로 쓰는 거라네." 하며 여유를 부렸지만 속은 편치 않았다.

그런데 언제부터인지 각종 원고청탁서에 이상한 문구가 삽입되기 시작했다. 원고는 e메일로 보내라는 것 –. 나는 우체국엘 갈 때마다 자존심이 팍팍 상했다. 하는 수 없이 초등학교 3학년짜리 손자 한 녀석을 선생님으로 모셨다. 덕분에 지금은 자판도 잘 두드리고 '보내기'도 톡 잘 친다. 친구들과도 끊임없이 e메일을 주고받는다. 중증 기계치는 이런 자신이 참 기특하다.

찌개

얼마 전 텔레비전에서 본 이야기다. 배경은 어느 농가, 주요등장인물은 99세 할머니와 75세 된 그 며느리, 지금 한 피디(producer)가 화면 밖에서 그 두 인물을 소개하고 있다. 잘 잊히지 않는 장면이 있어 여기 옮겨 둔다.

#1. 마당, 툇마루. *할머니, 장죽을 물고 툇마루에 혼자 앉아 연기를 뿜는다. 며느리, 밖에서 돌아와 할머니 앞에 비닐봉지를

펼친다. 순대와 돼지머리고기 잠깐 클로즈업.

피　디 "맛있어 보이네요. (할머니, 고개를 끄덕인다. 피디, 며느
　　　　리에게) 할머니랑 사신 지 얼마나 되셨어요?"
며느리 "오십 네 해."
피　디 "(숨죽인 소리로) 많이 힘드시지요?"
며느리 "(피디 쪽을 흘깃 보며) 벨 소릴 다 하네예."

#2. 대청마루, 저녁. * 저녁식사가 끝났다. 각자 비운 그릇을 가지고 부엌으로 가고, 할머니 혼자 행주로 긴 식탁을 닦는다. 정정한 모습이다.

피　디 "(할머니에게) 맛있게 드셨어요?"
할머니 "(고개를 끄덕이며) 아암."
피　디 "며느님이 음식 잘 해 드리세요?"
할머니 "잘 하고말고."
피　디 "입맛에 딱 맞으세요?"
할머니 "내 메누리라고 우째 내 입맛에 늘 딱 맞기만 하겠
　　　　노? 찌개가 좀 짜면 쪼매씩 떠먹고 좀 싱거우면
　　　　크게 떠먹고, 그라믄 되지."
피　디 "(혼잣말처럼) 아, 그랬구나. 며느리가 끓인 찌개에
　　　　내 입맛을 맞추며 살아온 할머니, 별 소리 다 한다

던 며느리-."

붙이는 말

부끄럽게도 나는 노래를 못 한다. 더구나 춤은 더 못 춘다. 내가 이처럼 노래방 문화에 미개하여 그들과 소통할 수 없는 것은 적잖이 유감스러운 일이다. 그러나 그렇다고 해서 내 삶이 어찌 되는 것은 아니므로 큰 염려는 하지 않아도 된다.

나는 트위터, 페이스북, SNS, IT, 이런 말을 보면 주눅이 든다. 그러나 쓴 글 부치려 우체국에 갈 때처럼 자존심이 상하지는 않는다. 내가 스마트폰 치켜들고 선거운동 할 것도 아니고, e메일로나마 세상과 충분히 소통할 수 있다고 믿어서 그럴 것이다. 남이야 이런 나를 보고 우물 안 개구리라고 하겠지만 역시 염려할 것 없다.

내가 막연하게나마 염려스러운 것은, 내 친구들이 정성껏 끓여준 찌개를 내 입맛대로 짜다 싱겁다 타박하진 않았는가, 그리하여 그들과의 소통을 스스로 차단하진 않았는가 하는 것이다. 속이 좁으면 '쪼매씩', '크게' 떠먹기가 어려운 법이니까.

(2012)

김(金) 선생의 근황

내 나이 내일모레면 팔십이다. 아무리 아니라고 발버둥을 쳐도 상늙은이다. 아, 이 나이를 어떻게 살아야 할까? 나는 김(金) 선생이라는 한 허구적인 인물의 입을 빌려 다음과 같이 말한 바 있다.(p.141)

어차피 늙는 것, 그거 그리 서글퍼할 것 없다.
놓아 줘, 안 놓으려 아등바등하지 말고.

나는, 어차피 늙는 것, 그거 그리 서글퍼하지는 않는다. 그러나 안 놓으려고 늘 아등바등 매달린다.
노욕(老慾)이라는 게 별게 아니다.

김(金) 선생과 그 마나님

 내 친애하는 김 선생은 정년 10년차의 전직 교수다. 지금 한 작은 아파트에서 마나님과 두 분이 함께 산다. 선생은 다달이 연금을 받는다. 그러면 그 $1/3$은 마나님 통장으로 자동이체, $1/3$은 생활비로 쓰고, 나머지 $1/3$이 선생차지다. 연금이라는 게 겨우 생존비 수준이어서 넉넉지는 않지만 그런 대로 살 만하단다.
 선생은 위로 딸이 둘, 아래로 아들이 둘이다. 딸 둘은 벌써 40대 후반, 아들들도 어느덧 40대 중반이다. 선생이 연금을 타니까 딸들도 아들들도 큰 걱정 하나는 덜고 산다. 그러나 두 분 생일, 어버이날, 추석과 설이면 기특하게도 봉투 한 장씩을 잊지 않는다. 물론 그건 다 마나님이 챙긴다. 자, 잔소리 그만하고-.

이 여편네 나 없어도

김 선생은, 수입이라고는 연금뿐이지만 그래도 어쩌다 무슨 인세다 특강이다 해서 몇 푼 생기는 일이 있다. 그러면 이 속없는 교수님은 지체 없이 마나님께 다 갖다 바친다. 아, 그럴 때 마나님의 얼굴은 사바세계(娑婆世界)의 온갖 고뇌를 다 떨쳐 버린 듯 쨍하고 빛난다.

그러나 마나님은 돈이 좀 생겨도 선생에게 萬원 한 장 어림없다. 다음은 지난 설 이야기-. 선생은 은행에서 빳빳한 새 돈으로 30萬원을 찾아다가 차례꾼들에게 세뱃돈을 주었다. 이윽고 그들이 다 돌아가고 선생 댁의 오리지널만 남았다. 마나님이 천천히 핸드백을 열었다. 그리고는, 두 며느리에게는 애썼다고 10만 원씩, 손자 셋에게는 내 새끼라며 5만 원씩 호기롭게 인심을 썼다.

드디어 저녁, 느직이 아이들도 다 돌아가고 둘만 남았다.
"여보, 아이들이 가져온 돈, 나 10만원만 주구려."
"왜요, 돈 없으세요?"
"없어서가 아니고 나도 아이들 돈 좀 만져 봅시다."
"만져 봐서 뭘 하게요? 이 돈 은행에 갖다 넣어야 돼요."
맞아, 만져 봐서 뭘 하나? 며느리들한테 잘 보여야지, 손자들에겐들 밉보일 수 있나, 통장도 비면 안 되고. 그래, 맞아요. 특히 통장 비면 안 돼요. 이 여편네 나 없어도 이만 하면 그냥 살겠네 싶어, 딱지맞은 김 선생, 빙긋 웃음이 나왔다.

나 없으면 이 여편네

어제 김 선생 내외분이 밖에서 점심을 했다. 집으로 오려면 시장통을 지나야 한다. 사과 배, 무 배추, 풋고추 가지, 도마도 딸기, 갈치 고등어, 꼬막 오징어, 쇠고기 돼지고기, 고추장 된장, 없는 게 없는 풍성한 시장이다. 시장은 늘 사고파는 사람들로 붐빈다. 시끄럽다.

김 선생은 천천히 걸으면서 장 구경을 했다. 늘 그렇지만 이 길을 걷노라면 참 사람 사는 곳 같다. 그런데 걷다가 문득 깨달으니 옆에 마나님이 없다. 그때 누가 뒤에서 여보 여보를 불렀다. 돌아보았다. 마나님이 한참 저 뒤 어느 가게 앞에서 손짓을 한다. 가 보았다. 땅콩 한 됫박 사 놓고 돈 치르라는 것이다.

"아니, 돈 5천 원이 없어서 그렇게 사람을 불러요?"

"나 지갑 안 가지고 왔어요."

"거 왜 만날 지갑은 안 가지고 다녀요, 그래?"

"당신 있잖아요."

그러자 땅콩가게 젊은 아주머니가 싱긋 웃으며 한 마디 했다.

"맞아요, 지갑께서 옆에 따라다니시는데 지갑은 뭐 하러?"

이 말에 두 분은 함께 웃었다. 그러나 다음 순간, 나 없으면 이 여편네 어디다 대고 여보 여보를 부를까, 문득 이런 생각이 들어 김 선생은, 이거 중국산 아니냐며 화제를 돌렸다.

상상(想像)으로서의 후기(後記) ; 내가 위에 적은 글을 어느 잡지에 실은 지 며칠 되지 않아서다. 뜻밖에 김 선생 마나님이 e메일을 보내셨다. 다음은 그 몇 줄-.

통장에 한푼 두푼 쌓이는 것을 보는 것은 그 자체로서 즐거운 일입니다. 결코 우리 영감 사후를 대비하려는 게 아닙니다. 며느리와 손자들이 기뻐하는 것을 보는 것도 그 자체로서 즐거운 일입니다. 무슨 돈 몇 푼 가지고 그들에게 잘 보이려는 게 아닙니다.

내가, 나도 아이들 돈 좀 만져 보자는 우리 영감의 청을 거절한 것은, 돈 있는데 왜 달라느냐, 이 돈 통장 채워야 한다, 그런 뜻이 아닙니다. 한번 튕겨 보는 맛, 그 맛 때문입니다. 튕겨 보는 마나님과 빙긋 웃는 영감님, 어느 집이든 다들 그러잖아요? ㅋㅋ.

지갑 말씀도 하셨는데, 나는 영감과 함께 하는 한, 외식을 하든 영화를 보든 시장엘 가든, 내 지갑은 늘 집에 두고 나갑니다. 설령 가지고 나간다 해도 열지 않습니다. 나에게는 영감이 지갑을 꺼낼 때 안도하는 버릇이 있습니다. 내 돈 아끼려는 게 아닙니다.

(2010)

마나님 모시고 사는 이야기 1

내 친애하는 김(金) 선생은 정년 11년차의 전직 교수다. 지금 내외분이 우리 옆 동 작은 아파트에 산다. 이제 나는 잠시 선생의 근황을 여러분에게 이야기하려고 한다. 이 이야기가 선생의 명예를 훼손하는 일이 없기를 바란다.

흰쌀밥과 현미밥

선생은 진밥을, 마나님은 된밥을 좋아한다. 그런데 어쩌다 두 분이 함께 당뇨환자가 되었다. 당뇨환자는 꼭 현미밥을 먹어야 한다, 흰쌀밥은 금물이다, 이게 당뇨환자계의 정설이다. 이 정설을 절대 신봉하는 마나님이 어떤 밥을 지었을지 여러분은 이미 짐작했을 것이다. 되고 된 현미 새카만 밥, 거기 검정콩이 마구 흩어져 있다.

선생은 그 밥을 먹을 수가 없다. 쌀알 알알이 다 모래알이다. 그래 참고 참다가, 우리 흰쌀밥 한번 지어 먹읍시다, 했다. 물론 마나님이 그럽시다, 할 리 없다.

"우리, 당뇨환자예요. 혈당수치 높아져서 무슨 일이라도 생기면 애들 고생해요."

"그럼 좀 질게나 하든지."

그 후로 마나님은 충분히 불린 쌀에 물도 넉넉하게 붓는다. 해서 좀 질어지기는 했다. 그러나 아무리 질어도 선생 입에 현미밥은 여전히 모래알이다. 질퍽한 흰쌀밥에 시큼하게 맛 잘 든 배추김치 쭉 찢어 얹고 큼직하게 한술 떠 봤으면 —.

저 지난달, 마나님이 꼭 한 주일을 입원을 했다. 혈당조절 뭐라던데? 병실은 6인실, 다 여자환자다. 선생은, 아침은 집에서 토스토 아니면 라면으로 때우고, 점심은 그 싱거운 병원 밥 한 그릇 더 주문해 함께 먹는 체나 하고, 저녁은 늦게 온 아이들이 밖에 나가 먹자는 걸 마다하고(지루하고 귀찮아서) 동네 해장국집, 선지 한 점에 소주 한잔 각 하고 집으로 돌아오곤 했다. 텅 빈 집, 텅 빈 식탁이 늘 쓸쓸했다.

요즈음은 선생이 흰쌀밥 타령을 안 한다. 애들 고생한다는 말도 떠오르고, 모래알 같은 밥이나마 지어 주는 마나님이 고마워서 그럴 것이다.

연속 드라마와 축구경기

선생 댁 작은 거실에 텔레비전이 한 대 걸려 있다. 저녁을 먹고 나면 두 분이 소파에 나란히 앉는다. 채널 선택권은 온전히 마나님 것이다. 함께 7시 뉴스를 본다. 뉴스는 늘 두 분 공동의 관심사니까.

뉴스가 끝나면 마나님 대망의 연속 드라마다. 선생은 슬그머니 일어나 서재로 간다. 뻔한 소리, 저걸 뭐 하러 봐? 그리고 컴퓨터 앞에 앉는다. 이 달이 마감인 원고가 둘, 내달이 또 하나다.

그런데 문제는 축구 중계다. 선생은 고등학교 시절 라이트 이너, 라이트 윙으로 뛰었었다. 축구에 대한 관심, 특히 월드컵과 올림픽 팀에 대한 관심이 참 지대하다. 그런데 마나님의 대망의 드라마와 이 축구 중계가 겹칠 때가 있다. 전혀 채널 선택권이 없는 선생이 용기를 낸다.

"오늘은 축구 봅시다."

물론 마나님이 양보할 리 없다.

"아홉시 뉴스에 다 나오는 걸 뭘 보세요?"

"스코어를 보자는 게 아니고 경기를 보자는 거요."

"오늘은 귀양 가는 선화공주 앞에 서동이 나타날 건데…. 남들은 부부끼리 영화관에도 잘 간답디다. 드라마 일찍 끝나니까 후반전 보세요."

부부끼리 영화관이라, 그러고 보니 마나님 모시고 ≪아바타≫ 본 게 2년인가 3년인가? 선생은 후반전을 기다리며 또 컴퓨터 앞에 가 앉는다.

국민은행 카드와 우리은행 카드

선생은 매달 연금을 받는다. 그 연금의 ⅓은 마나님, ⅓은 생활비, 나머지 ⅓이 선생 것이다. 몇 푼 안 되지만 그래도 이게 있어 아들따님들한테 손은 안 내민다.

그런데 좀 이상한 일이 있다. 자, 보자.

이따금 아들따님들이 마나님에게 용돈을 준다. 그러면 마나님은 늘, 뭘 또, 하면서 마지못한 듯 받는다. 그러나 선생에겐 한 푼 없다. 그러니 선생은, 뭘 또, 할 일도 없다. 왜 이렇게 불공평할까? 엄마에겐 연금 ⅓밖에 안 주면서 아빠는 ⅔ 다 쓰잖아(사실은 아닌데), 그래서 그러는 걸까?

추석, 설, 두 분 생일, 어버이날, 이런 날이면 아들따님들이 봉투 한 장씩을 가지고 온다. 가지고 와선 마나님을 준다. 그런데 선생 생일에 가져온 봉투도 마나님을 준다. 마나님은 또 태연히 받고ㅡ. 주머니돈이 쌈지돈인데 뭘, 혹 이런 생각인가? 그러나 주머니에 한번 들어간 돈은 절대 쌈지로 나오지 않는다.

자, 다음은 카드 이야기ㅡ. 마나님은 국민은행, 선생은 우리은행이다. 그런데 두 분이 함께 어딜 가면, 가령 마나님 때문에 병원 같은 델 가도 모든 지불은 우리은행이 한다. 똑같이 연금 ⅓인데, 용돈은 마나님만 받는데, 국민은행은 냉면 한 그릇 어림없다. 마나님은, 당신 돈이 아까워서가 아니고, 선생이 카드를 내고 사인을 할 때 남편의 존재를 확인하고 안도하는 버릇이 있다고 한다. 참 희한한 논리다.

  그런데 정말 이상한 것은, 이 이상한 일들을 선생이 조금도 이상하게 생각지 않는다는 것, 아니 오히려 당연하게 생각한다는 것이다.

  자, 돌아보자. 참 먹고 싶은 흰쌀밥은 현미밥 앞에 무릎을 꿇는다. 참 보고 싶은 축구 중계는 연속드라마에게 자리를 내준다. 그러면서도 으레 그러려니 한다. 우리은행 카드는 늘 저 혼자 바쁜데 그래도 그 역시 그러려니 한다.
  "자, 정년 11년차의 많은 김 선생 여러분, 여러분의 근황은 어떻습니까? 혹 내 친애하는 김 선생 비슷하진 않습니까?"

(2012)

마나님 모시고 사는 이야기 2

이미 소개했듯이 내 친애하는 김(金) 선생은 정년 11년차의 전직 교수다. 여전히 우리 동네 한 작은 아파트에서 마나님과 함께 산다. 나는 전에, 마나님 모시고 사는 이야기 1을 쓴 일이 있다. 선생의 근황을 말한 것이다. 이제 그 2를 쓰려고 한다.

외출하는 날
오늘은 내외분이 외출하는 날이다. 아니, 외출은 마나님이 하고 선생은 마나님 가는 대로 따라나 가는 날이다. 가는 길은 뻔하다. 우선 가까운 e마트에 들러 장 좀 보고 그 다음엔 어디 적당한 데 가서 점심 먹는 코스다.

e마트는 늘 붐빈다. 살 물건 고르는 것은 마나님의 고유권한이다. 선생은 카트를 밀고 마나님 뒤를 따를 뿐 아무 권한도 없다. 있다면 마나님 눈총 받으며 소주 한 병 집어 담는

게 전부다. 오늘은 사과, 귤 각 한 봉지, 청양고추에 상추, 쑥갓 조금, 마나님 좋아하는 커피 큰 것으로 한 봉지 등, 이 물건들은 곧 집으로 배달된다.

밖으로 나왔다. 중천에 해가 눈부시다. 선생은 어젯밤 친구들 만나 좀 과음을 했다. 시원한 막걸리 한 대접 죽 들이키고 뜨끈한 선지해장국 훌훌 들이마셨으면 싶다. 그래 묻는다.

"우리 해장국 먹으러 갈까?"

마나님이 금방 퇴자를 놓는다.

"지난번에 먹었잖아요. 오늘은 추어탕 가요."

도리 없다, 가야지. 아니, 추어탕도 해장할 수 있어. 해서 선생은 추어탕 두 그릇에 막걸리 한 병을 추가했다.

"또 술이어요?"

선생은 못 들은 척 마나님 잔에, 자기 잔에 가득 술을 채웠다. 그리고는 땡 하자고 했다. 마나님은 못 말린다면서 할 수 없이 땡, 한 모금 마시고는 피씩 웃었다. 술이 왜 저리 좋을까? 어떻든 선생은 마나님의 웃는 모습을 보며 기분이 좋았다.

김치 담그는 날

오늘은 내외분이 김치 담그는 날이다. 아니, 김치는 마나님이 담그고 선생은 옆에서 심부름이나 하는 날이다. 며칠 전 e마트에 주문한 절임배추 5kg짜리 네 통, 쪽파 한 단, 큰 무 네 개, 미나리 한 단, 생강 몇 쪽 등등, 오늘 오전에 다 배달되었다. 고춧가루와 젓갈은 집에 충분히 있다. 그래도 6만원이다. 차라리 이 돈으로 사다 먹지, 선생은 흔히 이런 생각을 하지만 마나님은 아니다. 내 손으로 담근다는 그 초지(初志)가 요지부동(搖之不動)이다.

어떻든 절임배추가 있다는 것은 우리나라의 수많은 마나님들을 위하여 얼마나 큰 축복인가, 할렐루야! 생배추 사다가 다듬고 절이고 씻을 일을 생각해 보라. 마나님도 젊은 시절에는 그랬었다. 그래도 즐거웠다. 그러나 지금은 70대 후반이다.

작업이 시작되었다. 마나님은 쪽파 다듬고 미나리 다듬고 생강 다지고, 선생은 시키기도 전에 알아서 채칼로 무 썰고ㅡ. 그러다 마나님이 문득 생각난 듯 말했다.

"다진 마늘을 빠뜨렸어요, 어떡하지?"

어떡하긴, 빨리 가 사오라는 말씀이다. 선생은 지갑을 챙겨 넣고 동네 슈퍼(e마트는 머니까)로 향했다. 갔던 길에 막걸리도 함께 한 병 샀다.

"한잔 하며 합시다."

"어이구, 또 술."

마나님은 이러면서도 선생 잔에 한잔 따르고 자신도 한잔 받아 마셨다. 무 채 썰고 다진 마늘 사오고, 그러는 게 미안했던가? 금방 마나님의 얼굴이 발그레해졌다. 선생은 그게 보기 좋았다.

병원 가는 날

오늘은 내외분이 병원 가는 날이다. 아니, 병원은 마나님이 가고 선생은 그냥 따라가는 날이다. 전에도 말했지만 두 분은 다 당뇨환자다. 그런데 다니는 병원은 서로 다르다. 선생은 신촌, 마나님은 혜화동, 그러니까 오늘은 혜화동 가는 날이다. 지난주에 채혈을 했다. 두 분은 오후 두시에 집을 나섰다. 진료는 세시부터다.

혈당수치가 좀 내려가면 선생이 축하하는 뜻으로 저녁(아직 저녁때가 안 됐어도)을 산다. 혜화역 근처에 깨끗한 갈비집이 한 곳 있다. 양념갈비 2인분, 그리곤 냉면 한 그릇을 둘로 나누어 달래서 반 그릇씩 먹는다. 물론 선생은 마나님 눈치 속에 소주 한 병 비우고. 수치가 좀 올라가면 위로하는 뜻으로 저녁을 산다. 역시 그 집이다.

그런데 오늘은 수치가 좀 올라갔다. 마나님이 의사에게 물었다.

"아니, 왜 이렇지요? 날마다 산을 두 시간씩이나 다녀오는데―."

의사가 말했다.

"운동도 좋지만 그보다 먼저 식사를 조절하셔야 합니다."

내가 너무 많이 먹었나? 마나님이 고개를 끄덕였다. 두 분은 무거운 발로 진료실을 나왔다. 다음은 수납, 마나님은 의자에 앉아 쉬고 선생은 다음 번 피검사비, 진료비 내고 처방전을 뽑아 들었다. 약국은 병원 근처에 있다. 약이 한 아름이다.

오늘은 위로하는 날, 역시 그 갈비집으로 갔다. 마나님도 기분이 별로 안 좋았던지 소주 한 잔을 들었다. 돌아오는 지하철, 마나님이 술 한 잔에 좀 노곤했던가 보다. 선생의 어깨에 머리를 대고 들릴 듯 말 듯 가늘게 코를 골았다. 힘들게도 산 쉰두 해, 선생은 괜히 마나님이 안쓰러웠다.

내가 물었다.
"선생은 어찌 그리 마나님께 지극정성이십니까?"
선생이 답했다.
"그 동안 데리고 살며 고생 많이 시켰어요. 이젠 모시고 살아야지―."

(2012)

그냥 함께 사는 이야기

우리 동네 김(金) 선생은 정년 13년차의 퇴임교수다. 마나님 모시고 사는 이야기, 나는 이런 제목으로 이 양반 사는 이야기를 쓴 일이 있다. 한데 그 모신다는 말에 자존심이 좀 상한 모양이다. 그래 사과하는 뜻에서, 그냥 함께 사는 이야기, 이렇게 제목을 바꾸어 이 양반, 아니 그 내외분 사는 이야기 한 편 더 써볼까 한다.

조식(朝食) – 식빵
우리 동네 편의점은 열두 쪽짜리 식빵 한 덩이에 2천 원이다. 3천 원짜리도 있지만 김 선생 내외분의 입엔 늘 그게 그거여서 2천 원짜리만 산다. 두 분은 각각 이 식빵 한 조각으로 아침 식사를 한다. 물론 커피 한 잔, 과일 한 조각은 있다.

자, 아침 여섯시, 마나님은 눈 뜨기가 무섭게 스마트폰을 켠다. 그러면 곧 케이비에스 라디오의 굿모닝팝스(Good-morning Pops)가 굿모닝 한다. 마나님은 연방 중얼중얼, 깔깔, 그 한 시간이 마냥 즐겁다. 김 선생은 일어나기가 무섭게 컴퓨터 앞에 앉는다. 써도 써도 끝없는 그 글, 하지만 김 선생은 두 손가락 끝에 톡톡 튕기는(독수리 타법) 타키성(打key聲)이 여간 경쾌하지 않다.

드디어 일곱시, 오늘도 물론 분업(分業)이다. 김 선생은 토스터에 식빵 두 쪽을 굽는다. 커피도 두 잔 탄다. 두 분은 당뇨환자여서 설탕 값은 면제된다. 마나님은 사과 1/4쪽씩을 껍질 벗겨 식탁에 놓는다. 과일 값도 같은 이유로 절약된다.

"I lost myself today. 오늘 배운 건데, 무슨 말인지 알아요?"

"오늘 나는 나 자신을 잃었다? 그게 무슨 말이야?"

"나 오늘 깜빡했어, 이 말이야."

"허, 참."

김 선생 내외분의 오늘 조식대(朝食代)도 전기료, 수도료, 인건비 다 합해서 각각 1천 원씩, 그러니까 도합 2천 원쯤 될 게다. 그러나 그것으로 충분히 배부르고, 또 나를 잃었든 깜빡을 했든 이야깃거리도 있었으니 그냥저냥 괜찮아 보인다.

별식(別食) - 김치전

오늘 점심때다. 아침에 희끗거리던 눈발이 어느새 펑펑 쏟아진다. 이런 날엔 김 선생, 따끈한 녹두빈대떡에 시원한 막걸리 한잔이 간절한데, 하지만 언제 녹두 사다 불리고 갈고 그러겠는가? 그때다. 아하, 궁즉통(窮則通). 꿩 아니면 닭이다.

"여보, 눈도 오는데 김치전 어때?"

"좋지요. 한데 밀가루가…."

떨어졌어? 김 선생, 얼른 잠바 하나 걸치고 편의점을 향한다. 눈이 쌓여 우산은 묵직한데 걸음은 가볍다. 그리고 그 가벼운 걸음으로 사 온 것들을 하나씩 식탁 위에 내려놓는다. 그때 김치 썰고 돼지고기 다지던 마나님 - .

"내 그럴 줄 알았어요, 흥. 또 저놈의 막걸리 - ."

물론 김 선생은 침묵으로 일관한다. 대꾸하면 분위기 잡치니까. 드디어 김치전 한 접시가 식탁 위에 놓인다. 김 선생, 밥공기 둘에 반 잔, 한 잔씩 막걸리를 따른다.

"내가 언제 술 먹는댔어요? 당신이나 자셔요."

"저 창밖 좀 봐요. 어느 머언 곳의 그리운 소식이기에(金光均, 雪夜), 지금은 밤은 아니지만, 소리 없이 흩날리느뇨? 자 - ."

마나님, 어이없는 표정, 할 수 없이 잔을 부딪친다.

김 선생 내외분의 오늘 별식대(別食代)는 얼마나 될까? 밀가루, 막걸리, 김치, 기름 등등 조식대보다는 다소 많겠지만 그래도 1만 원 미만일 게다. 그러나 두 분 입맛 잘 즐기고 무덤덤한 식탁에 시 한 줄 흘렀으니 그냥저냥 괜찮아 보인다.

외식(外食) - 짜장면

 우리 동네 뒷산은 봄, 여름, 가을, 겨울 없이 사람들로 붐빈다. 연둣빛 새싹, 퍼붓는 소나기, 흩날리는 단풍잎, 흰 눈 덮인 푸른 솔, 철철이 다 좋으니까. 김 선생 내외분도 한 주일에 서너 번은 이 산엘 간다. 점심 후다. 다녀오는 데 한 시간 반쯤 걸린다.

 우리 동네에 중국집이 하나 새로 생겼다. 짜장면 한 그릇에 2천5백 원, 사람들이 줄을 선다. 오늘 점심 무렵이었다. 마나님이 말했다.

 "우리 거기 가 짜장면 사 먹고 산에 가요."

 당연히 따라야지. 신장개업한 중국집은 퍽 깨끗했다. 짜장 구수하고 면발 쫄깃하고 나무랄 데가 없었다. 자, 식초 좀 치고 고춧가루 마구 흩뿌리고-.

 김 선생 내외분은 딸 딸 아들 아들 넷을 낳아 길렀다. 옛날 두 분은 올망졸망 네 꼬마들을 인솔하고 동네 중국집엘 자주 갔었다. 하지만 지금은 다 옛 이야기다.

 "우리 애들 참 짜장면 좋아했어요."

 "그랬어."

 갑자기 분위기가 쓸쓸해진다. 이윽고 김 선생이 계산을 하고 함께 나왔다. 그때 마나님이 스마트폰을 꺼낸다. 누구일까? 갑자기 분위기가 산뜻해진다.

 "그래. 아니, 지금 아빠랑 외식하고 산에 가는 길이야."

김 선생 내외분의 오늘 외식대(外食代)는 이미 여러분이 아시는 대로 2천5백 원×2, 一金五千원에 불외하다. 하지만 잠시나마 옛날에 대한 그리운 회상(回想), 그래도 외식을 했다는 허세(虛勢)를 향락할 수 있었으니 그냥저냥 괜찮아 보인다.

  이제 이 글을 마쳐야겠다. 나는 위에서 말한 대로 김 선생에게 사과하는 뜻으로 글의 제목도 바꾸고 이렇게 썼는데, 김 선생이 이 글을 읽고 혹
  "이게 무슨 가학취미(加虐趣味)여? 뭐가 그냥저냥 괜찮아 보여?"
이러면 어쩌는가? 맞아, 그러면 나도 누구처럼 침묵으로 일관하면 된다. 분위기 잡치지 않게.

(2013)

김(金) 선생의 근황

어차피 늙는 것, 그거 그리 서글퍼할 것 없다.
놓아줘, 안 놓으려 아등바등하지 말고.
늙은이는 그냥저냥 살면 돼.

이는 내 친애하는 김 선생의 지론이다. 아시는 분은 아시려니와 선생은 정년 13년차의 퇴임교수, 두 달 후면 우리 나이로 꽉 찬 여든이다. 선생은 지금 그 마나님과 둘이 사당동의 한 작은 아파트에 산다. 다음은 선생의 근황-.

선생은 지난 30여년을 강북에서 살았다. 꽤 큰 단독주택이었다. 방도 마루도 지하실도 다 넓었다. 사는 데 불편이 없었다. 그러나 강남 사는 아들따님들로서는 그 휑하니 넓은 집에 두 노인네만 달랑 남겨 두는 게 불안했다. 해서 거의 강제로 이 아파트에 모셔다 놓은 것이다.

선생은 이사 오기 전 한 2천 권쯤 되는 책을 학교, 병원, 도서관 등에 기증했다. 안 입는 옷가지도 꽤 여러 벌을 헌옷수거함에 넣었다. 혹시나 고쳐 쓸까 싶어 지하실에 쌓아 두었던 고장 난 선풍기, 살 부러진 우산, 줄 끊어진 라켓, 이런 것들은 고물상을 불러 돈을 주고 버렸다.

이제 선생의 서재는 텅 비었다. ≪동문선(東文選)≫, ≪대동시선(大東詩選)≫ 같은 고전 약간 권, 자저(自著) 몇 권뿐이다. 마루엔 난초 두어 분, 지하실이 없으니 고장 난 선풍기도 물론 없다. 다 털어낸 듯 단출하고 개운하다. 왜 미련스럽게 그 많은 것들을 붙잡고 살았는가 싶다.

자, 화제 좀 바꾸자,

선생은 겨울 양복(정장)이 세 벌인가 된다. 넥타이도 수십 매다. 그러나 지난 몇 년 겨울을 그 중 한 별도 입지 않았다. 넥타이도 매지 않았다. 톡톡한 순모 바지에 따뜻한 털잠바, 마나님이 스케이트 탈 때 쓰라고 짜준 털실모자, 그게 편했다.

"시골 장터 고추장수네. 저 양복 뒀다 뭐 할 거예요?"

마나님이 이러면 그냥 웃고 말았다. 여름 양복도 두어 벌은 되지만 금년 여름도 그 양복 안 입고 가벼운 면바지에 얇은 티셔츠로 날 것이다. 역시 그게 편하니까. 선생은 오래 전에 정장하는 의무를 면제받았다. 덕분에 언제나 몸이 편안하다.

당연히 편하겠지.

선생은 학교에 있을 때 1년에 한 편 이상 논문을 썼다. 교수의 의무였다. 그러나 논문은 쉽게 씌어지는 글(물론 그런 글은 없겠지만)이 아니다. 그걸 쓰려면 남의 논문, 저서, 관련 자료들을 섭렵해야 한다. 그런 작업이 즐거운 교수도 있겠지만 선생은 그게 참 고통스러웠다. 취미가 독서라는 사람을 보면 이상하더라, 언젠가 선생이 내게 한 말이다. 이제 선생은 논문 안 써도 된다. 그러니 다시 뭣 하러 그 재미없는 논문, 저서, 자료들을 뒤지겠는가? 소파에 편안히 누워 잡히는 대로 펼쳐 보다가 재미있으면 읽고 없으면 스르르 오수(午睡)에 빠지면 그만이다.

그런 선생이 그래도 지난 13년 동안 〈猊山隱者傳(예산은자전)考〉, 〈啞鷄賦(아계부)考〉 등 두 편의 논문을 썼다(《隨筆學》 제18집, 19집). 그러나 이것은 의무로 쓴 글이 아니고 놀이(遊戱)삼아 쓴 것이어서 쓰는 동안 내내 즐거웠다.

자, 논문 타령 그만하고,

선생은, 마나님이 소화 잘 된다며 보리밥 짓겠다면, 그 매가리 없는 밥을 무슨 맛에 먹느냐, 외식 좀 하자면 돈 아끼고 시간 아끼고 집에서 먹어요, 했다. 자연히 다툼이 많았다. 그러나 이제 선생은 그 입을 아예 마나님에게 맡겼다. 보리밥 지어 주면 고추장에 썩썩 비벼먹고, 외식 하자면 금방 그러자며 일어선다. 시장통엘 가면 짜장면 한 그릇에 2천5백

원 하는 중국집이 한 곳 있다. 면발 쫄깃하고 짜장 구수하고, 백화점 8천 원짜리에 진배없다.

　선생 댁에서 한 10분 가면 산, 그 산길 30여분 걸으면 현충원이다. 지금 현충원은 이팝나무가 하얗다. 희고 붉고 노란 철쭉도 한창이다. 어제 오후 선생은 마나님과 현충원엘 갔다. 어디 할 것 없이 사람들로 붐볐다. 꽃 보며 걷다 보니 어느덧 다섯시, 저만치 편의점이 보였다. 마나님이 말했다.
　"우리 컵라면 사서 저녁 때우고 갈까?"
　선생은 그러자며 1천2백 원짜리 둘을 샀다. 합계 2천4백 원, 짜장면 한 그릇 값에도 못 미치지만 참 얼큰, 시원했다.

　맞아요, 늙은이는 그냥저냥 살면 돼.
　안 알아준다, 안 어울려준다, 삐칠 것도 없고.
　김 선생, 우리 막걸리나 한잔 합시다. 좋은 노래 안주삼아.

　　창랑(滄浪)의 물 맑거든 갓끈(纓)을 빨게나.
　　그 물 흐리거든 발이나 씻고.
　　滄浪之水淸兮, 可以濯吾纓.
　　滄浪之水濁兮, 可以濯吾足.
　　　　　　　　　　　　　　　－ 屈原, 〈漁父辭〉

* 세상이 맑거든 벼슬길에 나가고 흐리거든 물러나라, 세사(世事)와 부딪치지 말라, 이런 뜻이라고 한다. 암, 부딪칠 게 뭐 있나, 더구나 벼슬할 나이도 아닌데. － 노태준(盧台俊) 역해 ≪고문진보(古文眞寶)≫참조.

우리
고전수필선(古典隨筆選)

나는 한문으로 된 우리 고전(古典) 약간 편을 번역한 일이 있다. 시, 수필, 기타의 산문들이다. 그러면서 스스로 한문 독해력의 빈약을 참 뼈저리게 느꼈다. 遠似村의 村이 농막(農幕)인 걸 몰라 쩔쩔매던 무식, 이궁(離宮)인 장원정(長源亭)을 정자 이름으로 안 무지, 생각하면 지금도 낯이 뜨뜻해진다. 한글로 된 경우도 고어(古語)는 나에게 역시 힘들었다.

여기 10편의 짧은 우리 고전수필을 싣는다. 앞 8편은 한문으로 된, 뒤 2편은 한글로 된 고전수필을 현대국어로 옮긴 것이다. 얼마나 많은 오역(誤譯)이 있을지 모르겠다. 그러면서도 이렇게 싣는다.

우매(愚昧)라는 게 이런 건가?

寒食祭陣亡將士文(한식제진망사문)[1]

崔致遠(최치원)

　오호라, 삶이 有限(유한)함은 古今(고금)이 탄식하는 바이나, 죽은 자의 이름이 오히려 不朽(불후)하기도[2] 하니 이는 목숨보다 忠義(충의)를 앞세웠기 때문이다.

　그대들은 온몸을 다하여 활을 당겼다. 통쾌하게 힘을 떨쳐 적의 수레를 뒤엎었다. 그리하여 熊羆(웅비)[3]의 대열에서 기개를 떨치다가 鵝鸛(아관)[4] 앞에 몸을 마치니, 능히 干戈(간과)[5]에 용맹을 떨치고 참으로 床笫(상자)에서 죽는 부끄러움[6]을 면하였구나.

---

1) 寒食날에, 陣中(진중)에서 싸우다 죽은 將兵(장병)들을 제사하는 글.
2) 썩지 않기도, 영원하기도.
3) 맹수의 일종, 충성심 강한 武士(무사)의 비유.
4) 옛날 중국의 한 軍陣(군진) 이름(고유명사). 여기서는 그냥 軍陣이라는 뜻(보통명사).
5) 방패와 창. 여기서는 전쟁이라는 뜻
6) 싸우지 않고 침상에서 또는 안방에서 죽는 부끄러움.

이제 들풀은 다시 푸르고 꾀꼬리 좋이 우나 아득한 강물에는 흐르는 恨(한)이 끝없다. 아, 저 황량한 무덤들 속에 그대들의 魂(혼)이 있는 줄을 누가 알랴.

> 내 생각노라, 그대들의 옛 功(공)이여,
> 我所念兮舊功勞,
> 내 슬퍼하노라, 시절의 아름다움이여.7)
> 我所傷兮好時節.

나 이제 박한 술이나마 여기 한잔 베풀어 저승의 노니는 그대들의 영혼을 위로하려 한다. 그대들은 杜回(두회)의 抗敵(항적)8)을 꾀하고 溫序(온서)의 懷歸(회귀)9)를 본받지 않아 능히 장한 뜻을 이루었다. 이것을 陰功(음공)이라고 한다.

— ≪桂苑筆耕(계원필경)≫

* 崔致遠(875-?) ; 신라 말기의 문인, 호는 孤雲(고운). 우리나라 漢文學(한문학)의 鼻祖(비조). 唐(당)나라에 가 문명을 떨쳤다. 그 후 신라에 돌아와 벼슬에도 올랐으나 知音(지음)을 못 얻고, 亂世(난세)를 비관하며 유랑하다가 伽倻山(가야산)에 들어가 여생을 마쳤다. 저서로 ≪桂苑筆耕≫.

---

7) 시절은 다시 와 아름다운데 그대들은 왜 다시 못 오는가 하는 슬픔.
8), 9) 抗敵은 적을 막는 일, 懷歸는 돌아갈 것이나 생각하는 일. 그런데 그대들은 杜回의 抗敵을 따르고 溫序의 懷歸를 본받지 않았기 때문에 능히 장한 뜻을 이루었다는 것. 장한 뜻은 죽음으로써 나라를 지킨 것, 그래서 不朽한 이름을 얻은 것.

啞鷄賦(아계부)[1]

金富軾(김부식)

날과 달이 바뀌어 해가 저무니, 괴롭게도 낮은 짧고 밤이 길다. 이 긴 밤 어찌 등불 없어 글 못 읽으랴만 병든 몸이라 억지로 할 수가 없다.[2] 뒤척이며 잠 못 이루는 一寸(일촌) 창자에 온갖 근심이 다 얽힌다.

가까이에 닭장이 있다.

"조만간 닭이 홰를 치고 울리라."

寢衣(침의) 그대로 앉아 창틈의 微明(미명)을 본다. 보다가 문을 열고 나가 하늘을 우러른다. 參星(삼성)이 맑게 서녘으로 기울어져 있다. 아이를 불러 묻는다.

"대체 닭이 살았느냐 죽었느냐?"

---

1) 벙어리 닭에 관한 글(노래). 啞鷄는 벙어리 닭, 즉 울지 않는 닭. 혹 어떤 이유로 자기 임무를 제대로 수행하지 않는 자(가령 벼슬아치)의 비유가 아닐까 싶다.
2) 등불이 있어도 병든 몸이라 억지로 읽을 수가 없다.

잡아서 제사에 쓴 일도 없는데 왜 울지를 않느냐? 살쾡이에게 해를 입을까봐 그러느냐? 왜 머리를 떨어뜨리고 눈을 감고 마침내 입 다물고 소리가 없느냐? 國風(국풍)에는 닭이 君子(군자)를 생각하여 비바람 속에서도 울어 말지 않는다 했는데,3) 울 때에 오히려 입을 다무니 어찌 天理(천리)에 어긋남이 아니냐?

이는 개가 도둑인 줄 알고도 짖지 않는 것이나 고양이가 쥐를 보고도 쫓지 않는 것이나, 타고난 제 才能(재능)을 다하지 않는 것은 마찬가지이니, 그러므로 잡아 죽이는 것이 마땅하나 聖人(성인)의 가르침이 不殺爲仁(불살위인)4)이라 하셨으니….

"네 만일 마음이 있거든 이를 고맙게 알아, 잘못을 뉘우치고 스스로 새로워져라."

- ≪東文選(동문선)≫

* 金富軾(1075-1151) 고려 인종 때의 학자, 문신. 호는 雷川(뇌천). 시문이 뛰어났다. 문집이 있었다고 현재 알려진 게 없다. 그러나 ≪東文選≫에 그의 시문 상당량이 전한다. 저서로 ≪三國史記(삼국사기)≫, 현재 전해지지 않는 ≪金文烈公集(김문열공집)≫, 기타 義天(의천)의 碑文(비문) 등.

---

3) 國風은 ≪詩經(시경)≫의 한 부분. 그 한 편인 〈風雨(풍우)〉라는 제목의 시에 다음과 같은 구절이 있다.

비바람 그믐처럼 어두운데, 닭은 울어 그치질 않네.
이미 君子를 보았으니, 어찌 기쁘지 않으랴.
風雨如晦, 鷄鳴不已. 旣見君子, 云胡不喜.

4) 죽이지(殺) 않는 것(不)이 어짊(仁)이 된다(爲). 그래서 안 죽인다.

舟賂說(주뢰설)[1]

李奎報(이규보)

李子(이자)[2]가 남쪽으로 한 강을 건너는데, 함께 건너는 또 한 배(方舟)가 있었다. 배의 크기도 같고 노꾼(榜人)의 수효도 비슷했으며 거기 실은 人馬(인마)의 수도 두 배가 거의 같았다.[3]

그런데 잠시 후에 보니, 저쪽 배는 뜨자마자 나는 듯하여 이미 건넌 편 언덕에 닿았는데, 내가 탄 배는 머뭇거리며 나아가지 않았다. 까닭을 물은즉 함께 있는 사람이 말했다.

"저 배는 함께 탄 사람들이 노꾼들에게 술을 먹여서 그들이 힘껏 노를 저었기 때문에 그런 거요."

---

1) 배에서 주는 뇌물 이야기. 그러나 이 글은 술잔이나 얻어먹는 노꾼들을 탓한 게 아니고, 뇌물의 있음 없음에 따라 벼슬길이 열리고 닫히는 세태를 비판한 것.
2) 李라는 사람, 즉 지은이 자신. 子는 인칭접미사.
3) 그러니까 저쪽 배가 내가 탄 배보다 빨리 가는 것은 그 배가 이 배보다 노꾼이 많거나 실은 게 적어서 그런 게 아니라는 것.

나는 부끄러운 빛을 감출 수 없었고,[4] 인하여 탄식해 마지 않았다.

"아, 하찮은 작은 배 한척이 물을 건너는 데도 賂物(뇌물)의 있고 없음에 따라 그 나아감에 疾徐(질서)[5]와 先後(선후)[6]가 있는데, 하물며 宦海(환해)[7]의 넓은 바다를 다투며 건너는 데 있어서이랴. 돌아보매 내 손에 돈 한 푼 없으니 지금까지 얕은 벼슬 하나 하지 못한 게 어찌 당연하지 않은가?"

다른 날[8]에 보고자 써 둔다.

- ≪東文選(동문선)≫

* 李奎報(1168-1241) ; 고려 고종 때의 문인, 문신. 호는 白雲居士(백운거사). 시와 술과 거문고를 너무 좋아해서 스스로 三酷好(삼혹호) 선생이라고 불렀다 한다. 시문이 탁월했다. 특히 그 詩風(시풍)이 호탕하여 당대를 풍미했다. 저서로 ≪東國李相國集(동국이상국집)≫, ≪白雲小說(백운소설)≫.

---

4) 돈이 없어서 얕은 벼슬 하나 못 한 게 부끄러웠던 모양.
5) 빠르게 나아감(疾)과 느리게 나아감(徐).
6) 앞서 나아감(先)과 뒤에 처져 나아감(後).
7) 벼슬의 바다, 곧 관료들의 사회.
8) 다른 날(異日)은 곧 훗날. 그런데 벼슬한 뒤의 어느 날이라는 말처럼도 들린다. 그 후 李奎報는 벼슬에 올라 최고의 지위를 누리다가 우리 나이 70(1237)에 致仕(치사, 나이가 많아 벼슬에서 물러나는 일)했다. 그는 새로 벼슬에 임명될(승진할) 때마다 그 감상을 卽興詩(즉흥시)로 표현했는데 그 시로써도 유명하다.

答遁村書(답둔촌서)[1]

鄭夢周(정몽주)

 칠월 스무하룻날에 홀연히 아름다운 글월 받잡고 두 번 세 번 다시 읽었습니다. 世俗(세속) 밖에 초연히 사시는 분은 그 말씀마저 깨끗하여 俗人(속인)의 미칠 바가 아님을 알겠습니다.

 驪江(여강)[2]은 제가 좋아하는 곳이요, 선생도 물론 잘 아시는 곳이지만, 그러나 선생이 저보다 먼저 그곳으로 말에 채찍을 가하실 줄은 미처 생각지 못하였습니다. 그러나 南(남)으로 멀리 선생 계신 驪江을 바라보노라면 저의 이런저런 시름들이 하나하나 다 사라집니다. 하물며 世間(세간)에 새로

---

1) 遁村에게 답하는 글(편지). 遁村은 고려 공민왕 때의 학자 李集(이집, 1314-1387)의 호. 그는 辛旽(신돈)에게 밉보여 생명의 위협을 느끼고 永川(영천)에 피신, 辛旽이 주살된 후 開京(개경)에 돌아와 벼슬을 받았으나 곧 사직하고 경기도 驪州(여주)에 은거했다. 저서로 ≪遁村集(둔촌집)≫.
2) 경기도 驪州의 옛 이름.

나타나는 일들3)이 해마다 다르고 달마다 다른 요즈음이겠습니까?

근자에 들으니 若齋(약재)4)가 廬墓(여묘)5)에 들었다고 합니다. 다행히 지금은 벼슬이 한가롭습니다. 陶隱(도은)6)과 함께 匹馬(필마)로 弔喪(조상)하려 합니다. 과연 이 일이 뜻대로 이루어지면 돌아오는 길에 川寧(천녕)7)에 들러 하룻밤 이야기나 나눌까 합니다.

햅쌀 보내주신 은혜는 제 마음에 새겨 늘 감사하고 있습니다. 제가 지난 유월부터 痢疾(이질)을 앓아 장차 한 달이 되어 가는데 이즈음엔 다행히 좀 나아 이에 알립니다. 아 밖에 남은 이야기는 돌아오는 길에 하기로 하겠습니다.

가을 날씨가 퍽 찹니다. 천만 몸조심 하십시오.

— ≪圃隱集(포은집)≫

* 鄭夢周(1337-1392) ; 고려 공민왕 때의 문신, 학자. 호는 圃隱(포은). 詩書畵(시서화)에 두루 뛰어났다. 性理學(성리학)에도 깊었다. 고려를 지키려다 신흥세력(조선)에 희생되었으나 조선 태종1년(1401) 領議政(영의정)에 추증되었다. 저서로 ≪圃隱集≫, 시조로 〈丹心歌(단심가)〉.

3) 나라에 근심되는 일을 말함인 듯. 머잖아 기울 나라.
4) 고려 공민왕 때의 문신, 학자인 金九容(김구용, 1338-1384)의 호. 이는 원래의 호인 惕若齋(척약재)의 줄인 말. 저서로 ≪惕若齋集(척약재집)≫.
5) 상제가 무덤 근처에 오두막을 짓고 돌아가신 분을 모시는 일.
6) 고려 공민왕 때의 문신, 학자인 李崇仁(이숭인, 1349-1392)의 호. 시문이 뛰어나 明(명)나라 太祖(태조)도 감탄했다고 한다. 저서로 ≪陶隱集(도은집)≫.
7) 경기도 驪州의 한 縣(현) 이름. 李集이 머무르던 곳.

野桂堂銘(야계당명)¹⁾

李詹(이첨)

野桂堂은 지난날 海道元帥(해도원수) 陸公(육공)²⁾의 私邸(사저)였는데, 그 섬돌 아래 계수나무가 한 그루 서 있다. 나는 일찍이 이 나무가 회초리만 할 때 본 일이 있다. 그 후 陸公의 私邸는 헐리고 그 자리에 새 집이 들어섰다.

甲戌年(갑술년)에 내가 合浦(합포)³⁾로 귀양 와서 여기 이르니, 나무는 이미 커서 소 한 마리를 가릴 만했다. 때가 바야흐로 초여름이어서 녹음은 땅을 덮고 그 서늘함이 사람의 피부에 스쳐 왔다. 비 오면 나무는 솨아솨아 비 맞는 소리를 내고 바람 불면 우수수 바람 맞는 소리를 냈다. 멧새도 들새도 다 이 나무 위에서 지저귀었다. 그 소리들은 가히 金石絲竹(금석사죽)⁴⁾의 風樂(풍악)을 대신할 만했다. 인적 없는 곳으

---

1) 野桂가 있는 집(野桂堂)을 기리는 글. 銘은 기리거나 새기는 글.
2) 미상.
3) 경상남도 昌原(창원)에 있던 한 지명.

로 도망한 사람은 지나는 사람의 발자국 소리도 오히려 기뻐한다 했는데,5) 하물며 天地(천지)의 氣(기)와 動植(동식)의 物(물)이 부딪치고 갈려서6) 서로 감격하여 스스로 내는 소리임에랴? 다만 즐거울 뿐이었다.

이에 西堂(서당)에 거처를 정하고 무시로 지팡이에 나막신 신고 俯仰(부앙)하며7) 그 사이에 맑게 읊조리고 홀로 휘파람 불며 나무 아래를 거닐었다. 精神(정신)을 즐겁게 하고 天性(천성)을 길러 기쁨도 슬픔도 함께 잊었으니 이는 다 이 나무에 힘입은 바다. 이에 銘을 짓는다(이하 그 銘 생략).8)

- ≪東文選(동문선)≫

* 李詹(1345-1405) ; 여말선초의 문신, 문장가. 호는 雙梅堂(쌍매당). 문장과 글씨에 뛰어났다. 조선 태종의 명에 따라 河崙(하륜), 權近(권근) 등과 함께 ≪東國史略(동국사략)≫을 찬수했다. 저서로 ≪雙梅堂集(쌍매당집)≫, 假傳體(가전체) 작품으로 〈楮生傳(저생전, 종이를 의인화한, 종이의 전기)〉.

4) 樂器(악기)의 총칭. 金은 鐘(종) 같은 쇠로 된 것, 石은 磬(경) 같은 돌로 된 것, 絲는 奚琴(해금) 같은 실(줄)로 된 것(현악기), 竹은 洞簫(통소) 같은 대롱으로 된 樂器(관악기)를 가리킨다.
5) ≪莊子(장자)≫ 雜篇(잡편, 徐无鬼)에 "인적 없는 곳으로 도망한 사람은 (중략) 사람의 발소리만 들어도 기뻐한다(夫逃虛空者‖聞人足音, 跫然而喜矣)."는 말이 있다.
6) 비나 바람 같은 天地의 氣와 새나 나무 같은 動植의 物이 서로 부딪치고(盪) 갈려서(磨). 비와 바람과 새와 나무가 어우러져서.
7) 하늘을 우러르고(仰) 땅을 굽어보며(俯). 사색에 잠기는 모습.
8) 그 銘을 생략한 것은 그것이 없음으로써 우리는 자연의 싱그러운 소리를 더 싱그럽게 들을 수 있기 때문이다. 그 銘이 필요한 분은 졸저 ≪한국고전 수필선≫ 114쪽 참조.

書衾論屛(서금논병)[1]

李德懋(이덕무)

지난 庚申(경신), 辛巳年(신사년) 겨울은 내 작은 띳집이 몹시 추웠다. 입김을 불어내면 금방 허연 게 서리고, 이불깃은 계속 서걱서걱 바람 소리를 냈다. 해서 게으른 내가 한밤중에 일어나[2] 급히 ≪漢書(한서)≫[3] 한 帙(질)을 물고기 비늘처럼 잇대어 이불 위를 덮고 다소나마 추위를 막아 보려 했다. 그러지 않았더라면 거의 后山(후산)[4]의 얼어 죽은 귀신이 될 뻔했다.

---

1) 漢書(한서) 이불과 論語(논어) 병풍. 이 제목은 저자가 붙인 것. 신분적 제약, 가난, 병고, 우울한 자신의 삶을 이렇게 戱畫(희화)로 그려 세상을 야유하려 했던가?
2) 웬만하면 안 일어났을 텐데 하도 추워서 일어났다는 뜻.
3) 중국 後漢(후한)의 班固가 쓴 前漢의 史書(사서).
4) 중국 宋(송)나라 시인 陳師道(진사도)의 호. 집안이 퍽 가난했으나 성품이 깨끗했다. 어느 추운 날 누가 갖옷 한 벌을 주었다. 그러나 그는 그 준 사람의 貪汚(탐오)를 혐오하여 받지 않고 얼어 죽었다고 한다. 저서로 ≪后山集≫.

어젯밤에도 띳집 서북쪽 모퉁이에서 불어오는 매서운 바람이 문틈으로 새어들어 방 안의 등잔불이 정신없이 흔들렸다. 잠시 생각 끝에 ≪魯論(노론)≫5) 한 권을 세워 문틈을 가렸다. 별 힘 안 들이고 바람을 막은 것이 스스로도 대견했다.

옛 사람이 갈꽃으로 이불을 꾸민 것은 新奇(신기)를 좋아했기 때문이요, 금은으로 상서로운 새와 짐승을 새겨 병풍을 만든 것은 奢侈(사치)가 심했기 때문이다. 그러므로 이들은 본받을 것이 못 된다. 나는 ≪漢書≫로 이불을 꾸미고 ≪魯論≫으로 병풍을 쳤다. 이는 비록 급히 서둘러서 한 일이나 반드시 다 經史(경사)6)로써 만든 것이니 보기에 어떤가? 王章(왕장)7)이 쇠덕석을 쓴 것이나 杜甫(두보)8)가 말 언치를 덮은 것보다 낫지 않은가?

乙酉年(을유년) 겨울동짓달 스무여드렛날 쓰다.

- ≪靑莊館全書(청장관전서)≫

* 李德懋(1741-1793) ; 조선 정조 때의 실학자. 호는 靑莊館(청장관), 懋官(무관), 嬰處(영처) 등. 시문과 서화에 두루 뛰어났다. 그러나 庶孼(서얼)이어서 크게 등용되지 못했다. 겨우 奎章閣(규장각) 檢書官(검서관). 집안도 퍽 가난했다. 거기다 질병에도 시달렸다. 저서로 ≪靑莊館全書≫.

---

5) ≪論語≫의 별칭.
6) 經書(경서)와 史書(사서). ≪魯論≫은 經書, ≪漢書≫는 史書.
7) 王章(BC?-BC24) ; 중국 漢나라 成帝(성제) 때의 京兆尹(경조윤). 젊어서 앓아누웠을 때 이불이 없어서 쇠덕석을 썼다고 한다.
8) 杜甫(712-770) ; 중국 唐(당)나라 시인. 가난도 했으니 정말 말 언치를 덮었는지도 모르겠다.

短文二篇(단문 2편)[1)]

柳得恭(유득공)

只知有餳(지지유당)[2)]

내 말 모는 녀석의 어머니는 南陽(남양) 섬사람이다. 헌데 팔십이 넘은 나이로 멀리 아들을 찾아왔다. 그가 안채로 인사를 하러 들어오자 딸아이들이 그 늙어 머리 센 것을 생각해서 벌꿀을 대접했다. 그러자 크게 놀라 중문을 차고 나가며 그 아들을 불러 외쳐 가로되

"내가 꿀을 먹었다. 내 일찍이 꿀이 달다는 말은 들었지만 설마 엿보다 달랴 했는데, 이제 꿀을 맛보니 엿은 댈 것도 아니다. 아, 이제 죽어도 한이 없다."

내가 퇴근을 했더니 딸아이들이 웃으며 이 이야기를 했다. 나도 웃으며 들었다.

그러나 천하에 엿 있는 줄만 알고 꿀 있는 것을 모르는

---

1) 짧은 글 두 편. 저자가 붙인 제목.
2) 다만 엿 있는 줄만 안다. 꿀 있는 줄을 모른다는 뜻.

자가 그 수를 모르니, 어찌 홀로 南陽 한 섬의 이 노인만이
그렇다 하겠는가?

平壤人飮浿江(평양인음패강)3)

平壤 사람들은 浿江 물을 먹는다. 堪輿家(감여가)4)들이 말
하기를

"平壤은 배(舟)의 형상을 하고 있다. 배는 바닥을 뚫어서는
안 된다. 그러므로 平壤 사람들은 우물파기를 꺼리고 浿江
물을 길어 먹는 것이다."

한다. 내가 ≪三國史(삼국사)≫를 읽어 보니

"高句麗(고구려) 사람들은 골짜기를 따라 마을을 이루고 그
골짜기를 흐르는 물을 먹고 산다."

했다. 그렇다면 흐르는 물(강물이든 냇물이든-저자)을 먹는 것
은 예부터의 일이니, 이로써 우물파기를 꺼린다는 그 이치에
안 맞는 말을 깨뜨릴 수 있지 않겠는가?

 － ≪古芸堂筆記(고운당필기)≫

* 柳得恭(1749-?) ; 조선 정조 때의 실학자. 호는 泠齋(영재), 古芸堂(고운
  당) 등. 시문이 뛰어났다. 李德懋(이덕무→p.278), 朴齊家(박제가), 李書
  九(이서구)와 더불어 近世四家(근세4가)라 불리었다. 역시 奎章閣(규장
  각) 檢書官(검서관). 저서로 ≪泠齋集≫, ≪古芸堂筆記≫.

---

3) 平壤 사람들은 浿江 물을 먹는다. 浿江은 大同江(대동강).
4) 風水(풍수) 또는 風水地理(풍수지리)를 연구하는 사람.

送夫子讀書山堂序(송부자독서산당서)[1]

金三宜堂(김삼의당)

　무릇 공부하는 사람은 모름지기 고요함을 요하나니, 고요한 뒤이어야 마음을 가라앉히고, 마음이 가라앉은 다음이어야 공부에 전념할 수가 있는 까닭입니다. 그러나 이 시골 추마을의 글방은 마음을 가라앉힐 곳이 못 됩니다. 이런 까닭으로 옛 사람 중에는 자리를 가려 글을 읽은 이가 있으니, 白傅(백부)[2]가 香社(향사)를 가려 읽고 靑蓮(청련)[3]이 匡廬(광려)를 찾아 읽은 것이 그 예입니다.

---

1) 山堂으로 讀書하러 가는 남편을 보내는 글. 夫子는 남편, 山堂은 산에 있는 집(여기서는 德密庵). 讀書는 科擧(과거)를 보기 위한 것. 序는 漢文文體(한문 문체)의 하나.
2) 白傅 ; 唐(당)나라 시인 白居易(백거이, 772-846)를 높여 부르는 말. 우리에게는 白樂天(백낙천)이라는 이름으로 널리 알려져 있다. 樂天은 그의 字(자), 그의 號는 香山居士(향산거사). 香社는 미상이나 혹 香山(향산, 지명) 어디쯤에 있는 절 이름이 아닐까 싶다.
3) 靑蓮 ; 唐나라 시인 李白(이백, 701-762)의 號. 우리는 흔히 그를 李太白(이태백)이라고 부르는데 이는 그의 字가 太白이기 때문이다. 匡廬는 匡山이라고도 한다. 이는 山 이름이다.

이제 德密庵(덕밀암)은 蛟山(교산)⁴⁾ 두 봉우리 사이에 깊이 있어, 境界(경계)가 淸閑(청한)하고 蓮榻(연탑)⁵⁾이 淨寥(정요)하며 遊人(유인)⁶⁾이 오르지 않는 곳입니다. 그러므로 마음을 가라앉힐 곳으로 이보다 더 고요한 곳이 없으며, 공부에 전념할 곳으로 이보다 더 편안한 데가 없을 것입니다.

바라옵건대 君子(군자)께서는 책 상자를 지고 가셔서 白傅와 靑蓮이 지녔던 뜻을 본받으소서. 그러면 君子께서는 그 才智(재지)로써 반드시 大成(대성)하실 것입니다.

君子께서는 힘쓰소서.

— ≪三宜堂稿(삼의당고)≫

---

* 金三宜堂(1769-?) ; 조선 정조 때의 여류시인. 三宜堂은 그녀의 號(호). 시문이 뛰어났다. 저서로 ≪三宜堂稿≫. 저 南原 땅, 그녀는 같은 해, 같은 달, 같은 날에 태어난 같은 마을 총각에게 시집을 갔다. 기이한 인연이다. 남편에 대한 그녀의 사랑은 극진도 했다. 그녀에겐 血願이 하나 있었다. 그것은 남편이 科擧(과거)에 드는 것, 그래서 見聞(견문)을 넓히라며 서울도 보내고 공부하라며 산에도 보냈다. 이 序는 책 읽으라며 한 암자에 보내는 글이다. 그 비용은 머리를 자르거나 비녀를 팔아 마련했다(≪三宜堂稿≫ 참조). 그러나 그녀의 血願은 이루어지지 않았다. 저승에서는 꼭 이루시기를, 남편은 善政(선정)을 베푸는 준수한 牧民官(목민관), 아내는 결 고운 詩를 쓰는 아리따운 詩人(시인)이시기를 우리 함께 빌어주자.

---

4) 전라북도 南原(남원) 소재 蛟龍山(교룡산)을 말함인 듯. 德密庵은 물론 그 山에 있는 암자. 퍽도 조용한 곳이었던 모양이다.
5) 부처님이 앉는 자리, 곧 庵子(암자)를 말함이 아닌가 한다.
6) 놀러 다니는 사람, 나그네, 등산객 등.

수요장단(壽夭長短)[1]

유몽인(柳夢寅)

　양송천(梁松川) 응정(應鼎)[2]이 고을을 하여[3] 고을집을 지을새 목장(木匠)이 상량(上樑)하며[4] 톱질하더니, 송천이 손(客)으로 더불어 대(對)하여 그 아래 앉아 한 가지로 마실새 소반 가운데 해송자(海松子) 씨 심히 신신하거늘[5] 아이를 불러 동산에 심으라 하고 가로되

　"다른 날에 이 솔이 자라거든 마땅히 베어 관판(棺板)[6]을 하리라."

---

1) 목숨의 길고 짧음. 이 제목은 저자가 붙인 것. 원문엔 제목이 없다. 본문도 현대철자법으로 고쳤다.
2) 양응정(1519-?) ; 조선 명종 때의 문신. 송천은 호. 시문이 뛰어났다. 저서로 ≪송천집(松川集)≫.
3) 고을의 원(員, 太守, 郡守)이 되어, 고을집은 군 청사(郡廳舍).
4) 목수가 마룻대를 올리며.
5) 해송자는 잣, 신신하다는 것은 채소나 과일 같은 것이 싱싱하다는 뜻. 안주로 나온 해송자가 퍽도 싱싱했던 노양. 그런데 잣으로 술안주를 했나?
6) 이 씨가 자라면 그걸 베어 내 널을 짤 것이다.

객이 양송천더러 일러 가로되

"그 송자(松子) 장대(長大)하여 결실(結實)하거든 나는 마땅히 그 열매를 따다 심어 그 장대하거든 내 관재(棺材)를 하리라."7)

목장이 톱을 놓고 뜰에 내려 절하거늘 송천이 물으되 "어찌오?"8)

목장이 가로되

"다른 날에 두 합하(閤下) 만세(萬歲) 후에9) 소인은 두 합하의 관(棺)을 짜리이다."

두 사람이 저장대소(抵掌大笑)하고 곡식 닷 섬을 갖다가 그 말을 상(賞)주니, 슬프다, 사람의 수요장단이 어찌 사람의 입에 있으리오?10)

― ≪어우야담(於于野談)≫ 한글본

* 유몽인(1559－1623) ; 조선 선조 때의 문신, 문인. 호는 어우당(於于堂). 시문과 글씨에 뛰어났다. 특히 설화문학의 대가였다. 저서로 ≪어우집(於于集)≫, ≪어우야담≫. 아운데 ≪어우야담≫은 일종의 설화집인데 그 속에 수필로 읽을 글이 많다. 이 책은 한문본과 한글본의 두 가지가 있다.

7) 당신이 심는 그 씨가 자라서 열매를 맺으면 나는 그 열매를 따다 심고, 그 씨가 또 크게 자라면 그것으로 내 널을 짤 것이다. 두 사람 다 퍽도 오래 살고 싶었던 모양.
8) 어찌 그러는가? 무슨 일인가?
9) 두 분 오래오래 사신 후에. 합하(閤下)는 정1품 관직에 있는 높은 사람을 일컫는 말이지만 여기서는 단순한 존칭으로 쓴 것.
10) 목숨의 길고 짧음이 어찌 사람의 말대로 되겠는가?

용문사(龍門寺) 근처[1]

유의양(柳義養)

　금산(錦山)의 서(西)다히[2]를 바라보니, 용문사 있으니 큰 절이라. 내 상시(常時) 절 구경 무미(無味)히 여기되 용문사 도곡[3]이 매우 좋아 뵈기

　"삼갓 절 구경 하려노라."

하고, 그리 가 산세(山勢)와 동학(洞壑)[4]을 살펴보니, 사면(四面)으로 석각(石角)이 차아(嵯峨)하여[5] 완연(宛然)한 성첩(城堞)이 일어 허(虛)한 데 없고[6], 그 속에 대천(大泉)이 있어 대한불갈(大旱不渴)한다[7] 하고, 수구(水口)에 십여 간(十餘間) 너비

---

1) 이 제목은 팔자가 붙인 것. 원문은 이런 제목 없이 이어지는 긴 글이다. 현대철자법으로 고쳤다. 용문사는 남해에 있는 한 절.
2) 금산 서쪽. 금산은 남해군의 한 명산.
3) 미상. 무슨 골짜기인가?
4) 산의 형세와 골짜기.
5) 4면 바위 끝이 아득히 높아.
6) 뚜렷한 성가퀴(성 위에 쌓은 낮은 담) 이루어져 허술한 데 없고.
7) 큰 샘이 있어 심한 가뭄에도 마르지 않는다.

나 터져 있으니 진짓 산성(山城) 만듦 직한 따이러라. 산성 만들려 하여도⁸⁾ 뫼 위에는 절로 생긴 성첩이 있고, 수구 십여 간을 잠깐 막아 쌓으면 옛 사람이 이른 바 한 사람이 문을 막으면 일만 사람이 열지 못할 따이러라.⁹⁾

성을 쌓고 창(倉)¹⁰⁾을 지어 곡식을 저축하여 두었다가 완급(緩急)¹¹⁾에 충무공(忠武公)¹²⁾ 같은 이를 맡겨두었으면, 물에 나서 싸우고 성에 들어 지키면 해방형편(海防形便)¹³⁾이 좋아 뵈되 근래 사람들이 이런 데 염려 적으니, 이를 보았으나 말할 데 없고¹⁴⁾ 우활(迂闊)한 선비¹⁵⁾ 말을 뉘 채용하리오.

- 《남래견문록(南海見聞錄)》, 원문은 한글.

* 유의양(1718-?) ; 조선 영조 때의 문신. 호는 후송(後松). 저서로 《남해견문록》. 이 책은 지은이가 경상남도 남해에서 귀양살이하며 견문한 것을 기록한 것. 한글로 되어 있다.

---

8) 이하의 문장과 호응이 안 된다. 무슨 착오가 있나 보다.
9) 이백(李白)의 시 〈촉도난(蜀道難)〉에 "검각(劍閣)은 높고 험해 한 사람이 관문(關門)을 지키면 만 사람도 열지 못한다(劍閣崢嶸崔嵬, 一夫當關 萬夫莫開.)"라는 구절이 있다. 검각은 장안(長安)에서 촉(蜀)으로 가는 길의 요새지(要塞地).
10) 창고.
11) 위급할 때.
12) 이순신(李舜臣, 1545-1598)의 시호(諡號). 남해는 충무공이 전사한 곳.
13) 바다를 방어하는 형편(사정).
14) 이런 사정을 알았으나 모두 관심이 없으니 건의할 데 없고.
15) 당장의 현실과 관련이 먼 선비, 즉 귀양살이하는 자신.

그리운 진이(眞伊) 아가씨

인 쇄 / 2013년 10월 1일
발 행 / 2013년 10월 10일

지은이 / 정 진 권
발행인 / 서 정 환
발행처 / 신아출판사

출판등록 / 1984년 8월 17일 제28호
주 소 / 전주시 완산구 공북1길 16 (태평동 251-30)
전 화 / (063) 275-4000·0484·6374, 251-3885
팩 스 / (063) 274-3131
E-mail / essay321@hanmail.net

값 12,000원

ISBN 979-11-5605-004-9 03810

이 도서의 국립중앙도서관 출판시도서목록(CIP)은 서지정보
유통지원시스템 홈페이지(http://seoji.nl.go.kr)와 국가자
료공동목록시스템(http://www.nl.go.kr/kolisnet)에서
이용하실 수 있습니다.(CIP제어번호: CIP2013019577)

※ 저자와 협의, 인지는 생략합니다.
※ 잘못된 책은 바꿔 드립니다.